U0856462

聆听花开的声音

孩子“心理悄悄话诊所”

朱景忠／著

云南出版集团
云南人民出版社

图书在版编目（CIP）数据

聆听花开的声音：孩子“心理悄悄话诊所” / 朱景忠著. -- 昆明：云南人民出版社, 2018.10

ISBN 978-7-222-17516-7

Ⅰ. ①聆… Ⅱ. ①朱… Ⅲ. ①心理健康—健康教育—小学—文集 Ⅳ. ①G444-53

中国版本图书馆CIP数据核字(2018)第235487号

聆听花开的声音

孩子“心理悄悄话诊所”

朱景忠 ◎ 著

LINGTING HUAKAI DE SHENGYIN

HAIZI XINLI QIAOQIAOHUA ZHENSUO

责任编辑：陈浩东　熊　凌　责任校对：苏　娅　装帧设计：陈静荷　杜佳颖　插图：胡　波　责任印制：马文杰

出版	云南出版集团 云南人民出版社	开本	787 × 1092　1/16
		印张	17.75
发行	云南人民出版社	字数	250千
地址	昆明市环城西路609号	版次	2018年10月第1版第1次印刷
邮编	650034	印刷	昆明合骧琳彩印包装有限责任公司
网址	www.ynpph.com.cn	书号	ISBN 978-7-222-17516-7
E-mail	ynrms@sina.com	定价	49.00元

序 一

看他写，听他讲，跟他玩

1984 年深秋的一个晚上，云南师范大学中文系师生欢聚一堂，在学校食堂二楼举行该系 84 级新生欢迎晚会。有一个节目，是甲班两个男生站在话筒前呜哩哇啦大讲一通，人群里不时爆发出掌声和笑声。当时我身在人群中，却不得其要领，没怎么跟上节奏，今天也记不起他们讲的什么了。回到宿舍听其他同学聊起来才知道，他们整的那玩意儿，叫作讲究说学逗唱的相声，而且，当中那个声音最大、动作最多的同学，名叫朱景忠。

大学毕业，朱景忠同学回到家乡的大姚师范学校，成了朱景忠老师。当好老师的同时，他还涉猎普通话测评、演讲、曲艺、心理咨询和家庭教育等领域。之后又调入楚雄州教育局教科所，人生之路为可谓风生水起。2005 年秋，调入昆明市西山区教育局，后来到教师进修学校倾注于教师培训。

2010 年春天，朱景忠老师应编辑邀请，在云南省教育厅主管、云南教育报刊社主办的《学生新报》上开设“心理悄悄话诊所”专栏。结合心理学专业特点，专门针对中小学生的心理问题，以真实可感的案例，深入浅出的分析，以及情感真挚的表达，为孩子们答疑解惑，启发陷于迷雾中的孩子在学习和生活中去应对挫折，消减寂寞，排解压力，远离孤独，学会感恩，让优秀成为一种习惯。这一写，一晃就是整整 7 年，从未间断。也许你会惊讶于他的坚持不懈，但如果他的文章不能给老师予方法，给家长予技巧，不能俘获孩子们的心，那他的坚持就是无谓地浪费纸张。而当我们看到老师、家长和孩子们饱含感谢与信任之情的大量来信，就明白他长期坚持的力量，其实源于

广大读者的爱戴与期待，这也正是他专注于此的价值所在。

与此同时，因为自己工作调动和女儿上大学，作为一位父亲，朱景忠老师不能一直留在女儿左右，那就给不在身边的女儿写信吧。他与上小学六年级的女儿亲密交流；女儿上大学了，也不完全放手，仍然忙里偷闲向女儿提出分寸适宜、时机恰当的忠告。一通又一通的书信，无一不溢满挚爱、荡漾亲情、透出智慧。也许有人会觉得不就写写信嘛，也值得拿出来唠叨？你可别不以为然。从社会层面上讲，尽管我们前有弥久恒传的《曾国藩家书》，后有影响几代人的《傅雷家书》，但在今天这个“言”而无“信”（录段视频、打个电话、发条短信就OK）的时代，讲究见信如晤似乎已是一种奢侈。从个人层面上看，尽管你深情款款、操心操肝，不要说腹有诗书气自华，如果没有与他们沟通交流的三板斧能耐，跟上已经变得丰富的一代孩子的步伐，别说写信，连说话他都嫌你讲得太长。人家就是不理你，即使是你亲生子女，你又能怎样？自己努力的样子才是孩子最好的榜样，否则哪来书信往来的兴致？

放眼更宽泛的现实层面，我国儿童和青少年的精神卫生状况令人忧心。2016年10月10日，即第25个世界精神卫生日当天，中华医学会精神病学分会儿童青少年精神病学组主任委员郑毅教授接受采访时介绍，儿童心理行为问题在儿童精神科门诊中占60%以上，目前全国约有3000万儿童受到不同程度心理行为障碍的困扰。“比如行为异常、性格缺陷、情感障碍、社交不良、性角色偏差等。随着年龄的增长，一些‘障碍’会发展为比较严重的精神类疾病，这会影响孩子成长，甚至发展为社会问题。”同时，我国的抑郁症发病率高达7%左右。抑郁症患者的自杀率比一般人群要高出20倍，抑郁症导致的自杀行为是15岁至29岁人群死亡的第二大原因。或因情感纠葛，或因学习压力，或因十分不起眼的琐事，就将自己的生命结束在多彩的花季，我们身边不乏这样令人遗憾和深思的例子。

面对这样严峻而沉重的现实，每个教育中人都不能也不会做旁观者，都需要用心关注以下这些问题：不良情绪离精神疾病有多远？抑郁症等心理精神疾病的患者为何逐年增多？对个人、家庭和社会有哪些影响？如何预防心理精神疾病？朱景忠老师也同样不敢让自己有半点懈怠，在完成自身繁重工作的同时笔耕不辍，还不辞辛苦深入全省各地及省外中小学校举办讲座，与广大师生面对面交流，兑现自己“老吾老以及人之老，幼吾幼以及人之幼”的夙愿。因为他深知，与孩子身心健康相比，所有那些与提高考试成绩有关的补习班、提高班甚至冲刺班都不算个什么事，品行引导与心理疏导必须永远绝对放在首位——你千万别认为这是王婆卖瓜——成长之绳上只要打上解不开的结，随时都可能有意外发生。

这样一路走来，转眼到了 2016 年，朱景忠老师也到了知天命的年纪。都已经知天命了，那总得做点什么吧？于是他把在《学生新报》上刊发的文章和给女儿的书信精选出一部分编辑成一本集子，取名叫《聆听花开的声音——孩子“心理悄悄话诊所”》，送给自己作为前半生一个人生驿站的礼物。亲朋好友和部分师生看到这本集子，纷纷建议将其正式出版，让更多的同好受益。他犹豫不决好久，终于想通了——“恭敬不如从命”——更何况，被人需要是对自己生命的最大肯定，本身就是一种幸福。这样，便有了今天你手上的这本书。

在此，我愿意越俎代庖，邀请你进入他的世界。有条件，你应该跟他一起玩。一杯清茶，一阵神聊，一次远足，你可能记不住刚刚都说了些什么，但一股积极向上的力量和清新的生活氛围，自会让你的世界阳光明媚，心情舒畅。不行的话，你要想方设法多听他的讲座，讲座往往以他的多才多艺现场信手拈来，自成一番景致，当然比仅靠文字表现的文章来得鲜活与生动。再不行的话，就继续阅读他的文章，因为他的《学生新报》“心理悄悄话诊所”专栏仍在延续。通过文章体味他的音容笑貌，接受他的悉心指导，因为“与其郁闷几天，不如找朱老师聊天”。

有缘认识有趣的人，可以和他神聊，可以聆听他的讲座，也可以拜读他富于智慧的文章，于自己本来就是一种幸运，那就欣然走起，何乐而不为呢？

龙德芳

2017年8月27日于安宁太平

序 二

聆听的力量

在这个聒噪的时代，人们往往急于表达、表述、表白、表演、表现，再不然就倾诉、吐槽。孩子如此，成人尤其这样。听成为一种稀缺，倾听成为一种奢侈，谦虚地聆听甚至成为一种恩赐。因此朱景忠先生的心血之作《聆听花开的声音——孩子“心理悄悄话诊所”》无疑是一泓心灵的清泉了。

初识朱景忠先生是在十多年前的一个心理学培训班，当时觉得他是一个勤学好问的学员。后来经熟人引见，他与我有了直接或间接的联系。再后来，在心理学的若干社会活动中，时不时就会听闻其声音及消息。

半年前，朱景忠先生专门送来其呕心作品，请我为他写序。我虽然当时就允诺了，但一直忙于俗务，就耽搁了，此外也想看看他是否是虚应之托，直到今天他已是再次催请，于是提笔开写。

青少年的心理健康教育是全社会都在关注的问题，但说法不一，做法各异，甚至相互褒贬。朱景忠先生选择了务实且“笨拙”的办法，就是你说我听，你问我答，而且一做就是 7 年多，终于磨成一剑。由此可见，其实世上并没有什么成功，坚持的时间长了，便有了成功。应该为他点赞！更为可贵的是他不仅聆听了别人的孩子，而且还聆听了自己的孩子，可见其是良师慈父，知行一致。

朱景忠先生在青少年心理服务工作中的尝试、努力、探索，凝结成了本书。它有心理学的理论指导，也有心理辅导的实践总结，还有他个人的情绪、情感、情结、情愫，使本书呈现出来独特的味道，有营养，有温度。没有高

高在上的教诲，不乏娓娓道来的温馨，没有故弄玄虚的洋理论，不乏清新朴素的中国风，这可能正是他的爱好与情怀，值得学习与借鉴。

当然，飞速变化的中国，为青少年心理服务工作者不断提出新的挑战，还希望朱景忠先生再坚持，再努力，再探索，再增硕果。

聆听是一种态度，一种情怀，更是一种力量，一种温暖柔和的正能量。花开的声音或有稚嫩，或有嘈杂，但终究是有希望的美丽声音，那就让我们俯下身子，滤去焦躁，去听，去倾听，去聆听。

让花静静地开放，让孩子静静地成长！

赵建新

2017 年 8 月 27 日于云南师大雨花毓秀

自 序

为孩子付出永远都值，永不后悔！

记得2010年的初春，云南教育报刊社《学生新报》的编辑张蕤老师和我联系，想请我结合心理学的专业特点针对小学生心理方面的问题主持开设一个“心理悄悄话诊所”栏目，为全省的孩子们解疑答惑。一开始有些踌躇，生怕误人子弟，贻笑大方，但禁不住再三邀请，便尝试着开始回答孩子们的各种问题。

写的过程很艰难，因为不知道怎样做才能够让孩子们有所收获。在虚心听取各方意见后，我决定蹲下身子，以孩子的视角，用孩子们喜闻乐见、听得懂、能感受的方式来进行，少一些空洞的理论说教，多一些真实可感的案例分析，力求深入浅出、通俗易懂，注重针对性、实效性和可操作性，重在问题的解决。想法虽好，但毕竟能力水平有限，专业知识欠缺，加之学生所提出的问题天马行空、稀奇古怪，让我回答起来颇费周折，很多次搜肠刮肚、绞尽脑汁都难以下笔，感觉江郎才尽，捉襟见肘。实在写不下去时，也曾想过打退堂鼓，但每每看到老师、家长、孩子们给我的回信，对我表达的感谢、尊重、信任和爱戴，感受到他们的喜悦、兴奋、困扰或是哭诉，我的心里也充满了感动，增强了我一定要用加倍的努力为孩子们分忧解愁的使命感和责任感。是呀！“被人需要是一种幸福”，作家柳青在《创业史》里说：“人的一生很漫长，但关键的只有几步。”如果在孩子遇到困惑、受到挫折、有了烦恼、走投无路的“关键几步”，我们的社会、老师、朋友、家人能够真正有效地去关心支持、引导指导他们涉险过关，一路畅行，那是怎样一种幸福和快乐啊！于是，我便鼓起勇气、始终不渝地坚持了下来，不知不觉间竟然写了整整 7 年，留下了发表在《学生新报》上的这 70 余篇心理健康文章，在领导、同事、朋友和家人的支持下，经过认真思考，细心整理，重新进行了编排，得出了现在这本《聆听花开的声音——孩子“心理悄悄话诊所”》。

在这本集子里还有我与女儿的一些书信，是我 10 年前调到省城昆明后为远在楚雄上六年级的她以及后来她在西南大学读书时断断续续写的。当时没想到要发表，只觉得如果孩子在身边，自可以耳提面命、言传身教给她引导和指导，一旦离开就只能通过电话、短信等媒介进行，而电话说完就倏然而逝，短信也很快便会被新的内容覆盖难以找寻，可书信却能信马由缰、谈吐自然，利于保存。没想到女儿是个有心人，竟然把这些书信全部保存了下来，当我再次看到、读到时竟然为当年有如此情怀而抑制不住地感动和激动，于是便不加改动悉数翻录了下来。我想我和孩子当年遇到的问题也许会是很多同龄的家长、孩子会遇到的，我把这段时间特定的感受、体会和大家一起分享，也算是抛砖引玉。常言道：“爱出者爱返，福往者福来。”如果这本书能对老师、家长、同学有帮助和启示，能解决大家生活、学习中的矛盾和困惑，那将是我莫大的幸福和快乐！

感谢云南教育报刊社和云南人民出版社的领导、编辑给了我为孩子表达爱的机会；感谢爱我的人和我爱的人的鼓励、支持、厚爱和帮助；更感谢为我写序的专家、学者、领导的谆谆教诲和殷切的希望，你们一直是我前进路上生生不息的动力和源泉，我将一辈子铭刻在心。

路漫漫其修远兮，吾将上下而求索！为孩子们付出永远都值，永不会后悔！

目录·CONTENTS

心理
悄悄话

认识自己的人最快乐

朱老师，我是一个喜欢挑战自己、不服输的孩子。每次考试之前我总会给自己定一个目标，一定要考前几名。有时妈妈劝我把目标定得低一些更容易实现，但我认为既然要追求成功，目标高才好，这样我可以更努力。可遗憾的是我几乎没有实现过，爸爸笑话我屡战屡败，只会“放空炮”，难道我错了吗？

五年级学生：金　强

金强同学：

你好！

很喜欢你这种不服输的“犟劲”，令我想到了电视剧《士兵突击》里的许三多。但你知道你为什么“屡战屡败”吗？在我看来关键的问题是你没有正确地认识自己，制定的目标超出了你的能力范围。对自己评价过高，盲目追求，会眼高手低，难以实现；评价过低，会自我贬低，打击自信，产生自卑情绪，也会错失很多机会。所以科学、客观地认识自己，给自己一个合理、正确的定位，是你目前需要解决好的问题。你不妨从以下几方面来考虑：

一、回顾过去的成长历史，从过去中认识自己。古人说：“以铜为镜，可以正衣冠。”在我们的生活中，过去的经历就是自己最好的一面“铜镜”，我们过去的行为方式、优缺点都在这个铜镜中清晰地显示出来，透过这面“镜子”，我们可以更好地认识自己，进而“正衣冠”，所以要学会经常回头看看，从自己的成长历史中认真分析自己的特长和不足，从过去的成功和失败中认识自己。

二、多与老师同学交流，从他们的不同评价中认识自己。有道是“当局者迷，旁观者清”，自己常常很难认识到自己的问题和不足，别人的评论就比较客观实在，所以要学会从多个渠道获取信息，“兼听则明，偏信则暗”，尤其是那些知心朋友或是对自己有成见的同学的意见才更中肯。所以你要学会多和老师、同学交流沟通，不断地从他们的评价中认识自己，同时结合自己的分析，合理地给自己定位，找到以后正确的发展方向。

三、经常与父母沟通，在他们的悉心指导中认识你自己。俗话说“知子莫如父，知女莫如母”，生活中最了解你们的是父母，他们都希望你们成人、成才、成功，所以责无旁贷地承担了帮助教育你们的重任。但你也需要知道他们是怎样想的，他们希望你如何努力及向哪些方面努力，等等。“不听老人言，吃亏在眼前”，多听他们的指导性意见对你认识自己、拓展自己很有好处。

四、学会自我归纳总结，不断开阔视野，扬长避短，发展自己。在认真听取、搜集来自各方的意见、建议之后，要学会对这些信息进行甄别处理，去伪存真，去粗取精。然后在家长、老师、朋友的帮助下进行自我反省与分析，找到自己身上的优缺点，以便在今后能发扬优点，避免缺点，在日常的生活学习中改变不足、提高自己。千万不要自以为是，盲目攀比，去做那些超出自己能力范围的事，否则经历了多次失败以后，不仅别人不相信自己，自己也会慢慢失去信心。

金强同学，未来的人才应该是一个全面发展的人，不仅有丰富的知识，也要有良好的心理素质。衷心希望你读万卷书，行万里路，勤于思考，躬身实践，不断充实、提高，为将来的发展打下坚实的基础。

发表于《学生新报》2015 年第 2 期

相信自己：我能行！

“

朱老师，我是个胆子很小的人，很多事情都不自信。上课时不敢举手发言，生怕说错了让人笑话，运动会上我也不敢去参与竞争，怕失败，文艺表演就更不用说了，所以直到现在还没上过舞台。其实我多想得到同学们的认可和掌声呀！请朱老师帮帮我吧。

五年级同学：王思聪

”

思聪同学：

你好！

其实你的问题主要是自信心不足导致的。要知道每个人在人生的旅途中都会遇到这样或那样的挫折，而能让自己的生活绽放光彩的法宝就是自信心。所以说自信心对人的一生至关重要，没有自信心的人，眼前的世界便没有鲜亮的色彩，任何事都不可能成功。

所谓自信心，就是相信自己，坚信自己具有获得成功的能力。并因此立志，坚定信念，战胜困难，收获成功的喜悦。美国伟大的文学家、思想家爱默生说过：“自信是成功的第一秘诀。”张海迪身患残疾，却通过自学去参加高考等各类考试，后来还获得硕士学位，她靠什么？自信！感动中国人物刘伟失去了双臂，却能用脚弹出优美的钢琴曲，靠什么？也是自信！如果他们没有自信心和进取心，自怨自艾，自暴自弃，怎能获得成功呢？其实在我们的身边也有许多拥有自信心的人，他们相信自己，勇于承担老师交给的任务，敢于担任各种职务，不抛弃，不放弃，才使自己的人生充满了瑰丽的色彩，他们都是我们学习的榜样。

要如何培养自信心，我谈几点体会：

一、要相信自己的能力，对自己充满信心。自信能使你保持最佳心态，增强你进取的勇气，你能通过充满信心的活动使别人对你和你的意见产生信心。其实学习、生活中的许多问题、困难，是来源于你信心不足，一旦获得了信心，许多问题就将迎刃而解。所以不要总是怀疑自己的能力，一定要相信自己可以成功，更不要害怕失败，因为一次失败不代表总是失败，成功总是在不断的实践中获得的。

二、学会积极的心理暗示。现在我们有的学生遇到一点小事，就说“不可能”“我不会”，这种消极的心理暗示会让你失去斗志，松懈懒散。你可以试着这样说：“我不是不可能，只是暂时没有找到方法”，“刀不快石上磨，人不会世上学；世上无难事，只怕有心人”。用类似的积极方式来鼓励自己，相信自己；才能激发进取的勇气。所以记得每天清晨醒来时，在心里对自己说几遍：“I can! 我相信自己，我能够做好我想要做的事情。”

三、要多行动，不要只是想象，只有去做，你才会越来越自信。信心来源于平日的培养，有位名人说过：“人生最痛苦的不是失败，而是从来没有采取行动。”我觉得很有道理，空说不练，那是假把式。所以你要注重平时的学习、思考和积累，不断了解自己的优点和缺点，努力发挥自己的优点，找到自己的缺点加以改正；平时培养自己有主见，自己做决定及处理某件事情的习惯，勤于表达，善于展示，学会总结提升等。

总之，自信心是一种积极的心理品质，是人们开拓进取、向上奋进的动力，是一个人取得成功的重要心理素质，希望你好好培养并不断保持它。

最后送给你一句话：自信，是力量的源泉！相信自己：我能行！

发表于《学生新报》2015 年第 5 期

羞答答的玫瑰不能静悄悄地开

朱老师：

我是一个自尊心和上进心都很强的小女孩，学习成绩也不错。但这学期以来自从有一次在课堂上被老师、同学取笑后，我开始变得有些胆小怕事，看到人就脸红，也很害怕被别人看到，人一多我就不自在。现在甚至有些怕出门，怕上学了。父母不理解，还老骂我，快要参加小升初考试了，我也很着急，你说我该怎么办？

一个急需帮助的六年级学生：小　颖

小颖同学：

你好！

即将面临小升初考试，却遇到这样的情况，你的焦急我能感受到，也能体会你在父母的指责、升学的压力中所感受到的无奈和无助。不过别怕，既来之则安之，让老师和你一同来分析、感悟和面对，希望对你有所帮助。

从你描述的症状和表现来看，你也许或多或少有了我们心理学上说的一种轻度社交恐怖症。它的主要特点是害怕与人交往或当众说话，常常害羞脸红，担心在别人面前出丑，非常注意自己言行，自信心不足，对自己评价过低，经常紧张、焦虑、沮丧。时间长了会影响自己的睡眠、饮食、学习、人际交往等，需要及早关注并积极采取有效的方法来加以解决。

首先我想说的是不要着急，学会分析原因，坦然面对。你也许刚刚踏入青春期，由于生理和心理的变化，会让你变得多愁善感、敏感多疑。别人的一个眼神，老师、同学的几句玩笑话会让你如同受惊的小鹿一般变得羞羞答答，拘谨难堪。这是青春期女孩的正常表现，不要过分在意，大惊小怪，今后随着年龄的增长和社会交往的增多，可以逐渐减轻或消失。

其次要充分相信自己，培养自信。你有很强的自尊心和上进心，这是一件好事，一定要继续保持和发扬。因为自信是力量的源泉，是生命的活力和动力，有自信心的人不会轻易被社会生活所压垮。如果仅仅因为老师、同学的一次取笑就否定自己，产生自卑感，怀疑自己的能力，进而羞愧退缩，那未免太失败了。要明确自己的优势，始终相信自己是最棒的，一定能行，遇事多采取积极主动的态度，失败不能失志，其实胜利者比失败者往往多的是一份勇气和信心。而当你愿意接受挑战，勇敢面对时，你会发现现实要比想象的简单、容易得多。

再次要学会与人交往，敢于表现。学会生存就要善于和各种各样的人打交道，逐步训练自己的胆识、智识和能力，在陌生环境中要“无知者无畏”，善于寻找时机与周围的人攀谈，学会取长补短，扬长避短。即使说错了、做错了也没关系，随时注意总结经验教训，不断完善提高。关键时刻要勇于表现自己，如班会、晚会、朗诵会、体育活动等，上课要大声发言，让那些不了解你甚至小看你的人刮目相看，平时积极参加集体活动，把自己融入大众群体中去制造、分享快乐。相信久而久之，你就会消除陌生感和恐惧感，培养起健康、快乐、积极的心态。

此外还要克服过分的自我心理，通过自我暗示学会放松。羞答答的人常常过分关心自己的表现是否会引起他人的不良反应，说话办事都小心谨慎，唯恐被人耻笑，心情常处于紧张状态。因此，当你羞怯或紧张时，要学会用积极的自我暗示来稳定情绪。例如把陌生人当老朋友看待，尽量用玩笑或幽默来自我解脱；遇到尴尬场面，不妨善用微笑，多做几个深呼吸，平息紊乱的心绪；当你脸红时尽量忘却它，不要老担心别人是否在意，要学会在自我松弛状态下渐渐忘记自己的不自在。

小颖同学，花开的目的不是为了凋零，而是为了怒放。同样，羞答答的玫瑰也不应该只是静悄悄地开！朱老师衷心希望你早日走出阴霾，和同学们一起享受温暖灿烂的阳光。

发表于《学生新报》2011 年第 4 期

站在台上，你就是最棒的！

“

朱老师，我一直胆子很小，最羡慕别人能口若悬河，妙语连珠，所以每次国旗下的讲话我都自卑得不敢上台，参加学校的朗诵、演讲比赛我更是怕得要命。听说您是省演讲学会的常务理事，常常登台演讲，能不能请您帮帮我。

学生：刘赛扬

”

赛扬同学：

你好！

首先朱老师要表扬你，你能大胆地把压抑在心里的话告诉我，并能向我求助，这就是你战胜自我、走向成功的第一步。所以我很乐意把多年来积累的经验告诉你，希望能对你未来的成长有帮助。

首先要充分地认识到演讲口才的重要性。古人云：“一言之辩，重于九鼎之宝；三寸之舌，强于百万之师。”英国前首相丘吉尔也曾说过：“你能面对多少人讲话，你的成就就有多大！”这都从侧面说明了口才好对人一生的重要意义。要知道口才是人际交往的工具，是人们智慧才能的综合反映，未来社会中一个人说话能力的高低，一定程度上可以代表他的力量、水平与学识。口才好、能言善辩的人很容易受人尊敬和钦佩，而口才差、笨嘴笨舌的人却很容易被人冷落和遗忘，所以说：“是人才未必有口才，有口才必定是人才。”

其次要克服怕羞、腼腆和不喜欢交流的心理，勤于学习，善于学习。有许多人由于个性、家庭和其他因素的影响，不喜欢当众发表自己的意见和看法，面对公众显得局促不安、手足失措，惧怕失败，导致自卑、焦虑、抑郁。这些不良心理会妨碍我们的成长，说不定还会演变为恶性循环，所以一定要有意识、积极主动地加以纠正。平时要不断加强学习，博览群书，增强知识面；多与人交流探讨，努力提高语言表达能力和应变能力；还要学会总结和反思，逐步发现自己的不足，不断加以改进提升。

三是要加强针对性的学习和训练，做到有的放矢。要多向有经验的老师、同学请教，提升自己的专业技能，比如说演讲的内容要生动、具体、有感染力；演讲者的语言表达要清晰流畅、准确自然、节奏鲜明，要有抑扬顿挫、起承转合；演讲中还要注意辅以恰当的表情、姿势、动作等肢体语言，以增强语言表达的效果与魅力；此外还要注意演讲者台上仪表、风度和气质的培养，衣着整洁、光鲜亮丽、有活力……平时要多对着镜子练练，多与人交流，多参加比赛，积少成多，注重积累，逐步提高。总之，只有对症下药，才能药到病除。

最后要提醒的是学习演讲口才一定不能三心二意，半途而废，要持之以恒，始终坚持不懈。要知道任何知识和能力的获得，都有一个由浅入深，从一无所知到知之不多到知之甚多，从量变到质变的过程。即使参加一两次活动不顺利或不成功，千万不要就此怀疑自己的能力，妄自菲薄，自轻自贱，一定要鼓励自己，相信自己，有时甚至要发扬“胆大皮厚”“不要脸”的精神。失败是成功之母，只要我们知道出错的地方并加以纠正，成功也就离我们不远了。

赛扬同学，朱老师相信你经过不懈的努力和锻炼，一定能脱颖而出。站在台上，你将会是最棒的！

发表于《学生新报》2016 年第 9 期

仰望星空 更要脚踏实地

> 朱老师，我是一个很有理想抱负的人，相信我将来会成为一个受人敬重、羡慕的人，但有时又有些懒惰、贪玩。所以我的爸爸老打击我志大才疏，只会纸上谈兵，说我朽木不可雕。这让我很生气，您说我该怎么办？
>
> 喜欢你的学生：孙福林

福林同学：

你好！

很喜欢你的坦诚直白，有性格、有气度。古人说“志当存高远”，的确如此，理想、抱负犹如灯塔和目标，如果一个人失去了前进的动力和方向，就不能够激发自己的潜能。所以我们的父母也经常教育我们：“吃不愁，穿不愁，人无主意一世愁。”其目的就是在告诫我们对未来一定要有念想、有打算，要早做准备，千万不要浑浑噩噩、患得患失，如果整天晕头晕脑、昏天黑地，做一天和尚撞一天钟，久而久之就会感到前途渺茫，茫然无措。

当然，人生如果能志存高远、仰望星空固然很好，但我认为青少年更重要的是脚踏实地。也就是说，为了实现目标和理想，必须要经过艰辛的努力、不屈的奋斗，才能有所作为。“不经一番寒彻骨，哪得梅花扑鼻香。”任何事不可能轻而易举、不劳而获，要想成就伟大的事业，必须从点滴做起，从小事做起，从目前我们手边的事情做起。比如说，在刚刚过去的假期当中，你有没有认认真真地好好思考和计划过：假期我要读些什么书？写几篇文章？参加一个什么样的活动？做哪些有意义的事？现在假期结束以后，你有没有细致地总结：完成了哪些任务？哪些还没有完成？是什么原因？下一步要怎样做？看到自己有了成绩，你会感到由衷的喜悦，会有一种成就感和自豪感；如果没有完成任务，你会或多或少有一种挫败感和内疚感。其实你发现了没有，完成一件细小琐碎的事，比计划做伟大的事更伟大。常言道：天下大事，必作于细。细节决定成败，从细小的方面，可以看出一个人的品质、性格。青少年时期是人生成长、知识积累的关键期，如果错过了再也不会时光倒流。所以，我建议你还是要踏踏实实、认认真真从手边的事做起，只有把小事做好了，将来你才能够做大事。

当然我也要给你的父亲提点建议：贪玩淘气、偷懒怕事是孩子的天性，在孩子成长的过程当中，不要因为他偶尔的懒惰就去否定，甚至打击、挖苦、讽刺。要知道孩子的自尊心是一根高压线，轻易触碰不得，一旦自尊心受挫，将来很难再次树立和重建，所以我们做父母的要学会呵护孩子的自尊心，尊重孩子的选择。首先一定要让孩子有梦想，不管他的想法多么离奇古怪，多么虚无缥缈，多么好高骛远，但是有总比没有要好。其次一定要尽我们的全力帮助孩子实现梦想，要知道父母再大的成功都弥补不了孩子失败带来的痛苦，所以我们要创设一个宽松、民主、和谐的家庭氛围，鼓励孩子去思考，去创造，并且对孩子的付出永远不要后悔。想当年，当年幼的阿姆斯特朗提出要到月亮上去的时候，他的母亲不是指责、呵斥他，而是表扬、支持、鼓励他的大胆想象，继而耐心细致地告诉他要怎样学习、进步才能到月球。阿姆斯特朗正是在母亲循循善诱的指导、帮助下，不断地刻苦钻研、虚心求教，最后真的成了人类第一个登上月球的人。

因为年轻，一切皆有可能！我相信只要你能心怀理想，放眼未来，持之以恒地用顽强的毅力去坚守、去创造，一定能梦想成真的。既然世界上总有成功的人，为什么不会是你呢？

发表于《学生新报》2016 年第 7 期

别让“自负”冲昏了头

朱老师，我是一个学生家长，经常看你的文章，使我很受启发。我的儿子各方面都很不错，就是过于自信，甚至是自负，有点骄傲自满，对什么都不以为然，我提醒他也不听，还振振有词，我想听听你的意见和建议。

一个急需帮助的学生家长

家长朋友：

你好！

首先感谢你对我的关注，也很乐意与你探讨孩子教育方面的问题。在孩子的成长过程中，我们一直都强调要培养孩子的自信，因为自信是力量的源泉，自信能给人以力量，给人以快乐，只有自信才能让生活处处是舞台，让人生越过越精彩。但如果自信过头甚至膨胀，到了自负，那就需要引起注意。

所谓自信，是指自己相信自己，能站在客观、公正的立场上对自己做出恰如其分的评价，胜不骄，败不馁，宠辱不惊，去留无意，坦然面对生活中的风雨坎坷，所以拥有自信的人是最美的。而自负则是一种不切实际、自高自大的不良心态，自视甚高、目空一切会使人举止狂傲，目中无人，总爱抬高自己贬低别人。而当别人取得一些成绩时，嫉妒之心油然而生，想方设法去打击、排斥。这种人往往只考虑自己，不关心他人，听不进别人的肺腑之言，久而久之，会形成一种病态个性。《三国演义》里的周瑜就是这样一个典型的代表人物。

常言道：谦虚使人进步，骄傲使人落后。骄傲自负会对孩子的成长产生消极影响；骄傲自负的孩子常会形成与外界的隔膜，心胸变得很狭窄，导致自满，使孩子丧失进取心，增长虚荣心。同时自负心理还容易使孩子意志薄弱，经不起挫折和打击，导致心理失衡，所以我们应当想方设法地帮助孩子们走出自负的狭小天地。

首先要溯本求源，了解孩子自负产生的原因。一般来说，自负多表现在独生子女、家庭条件较优越、具有某种先天优势的孩子身上，所以家庭教育是产生自负的第一根源。父母过分的宠爱、夸赞、放纵会使孩子失去自我，变得自负。此外，生活中的一帆风顺也很容易养成孩子盲目自信、自傲、自负的性格，变得好大喜功，不可一世。因此，家长只有找准了问题的根源，才能针锋相对，对症下药，通过改变家庭教育的方式促成孩子的改变，最终妙手回春，药到病除。

其次要耐心引导、指导，教孩子正确评价自己。孩子出现的自负情绪往往是过高地估计了自己，认为自己比谁都强，只看到自己的长处，看不到自己的短处，拿自己的长处比别人的短处，导致狂妄自大，以“自我为中心”。作为家长应耐心地教导孩子学会正确评价自己，既认识到自己的优点和长处，也看到自己的缺点和不足，学会换位思考，切不可只见树木不见森林，教给他们正确的交友之道，并加以训练和指导，使其养成良好的人际交往习惯，才会受到大家的欢迎。

三是父母要以身作则，为孩子树立榜样。榜样的力量是无穷的，孩子身上的缺点多半是由于成人教育方式不当所引起的，爸爸妈妈是孩子效仿最直接的对象，对孩子影响最大。所以家长应该努力成为孩子高尚人格的标杆，谦虚友善，虚怀若谷。平时对孩子表扬要适当，批评也要一针见血，既不能以偏概全，一叶障目，也不能掩耳盗铃，视而不见。只有让孩子们认识到天外有天，人外有人，“强中自有强中手”，才不会为自己的一点点小成绩而夜郎自大，坐井观天。

当然，这是一个艰难而复杂的过程，需要耐心、细心、用心才会有所收获。我相信春华秋实，春种秋收，一分耕耘，一分收获，只要我们坚持不懈，始终如一，永不言败，伤痕累累的背后一定会是硕果累累。

发表于《学生新报》2015 年第 9 期

寻找“小小男子汉”

朱老师：

您好！

我有件很为难的事想跟您说。我的爸爸经常不在家，我妈妈很想要个女孩子，所以从小就把我当女孩子抚养，喜欢让我与女孩子一起玩耍，平时给我报的课外班也是舞蹈、围棋、绘画、书法等。在这些影响下，我慢慢地变得性格软弱，说话细声细语，喜欢与女孩在一起玩耍，不太爱与男孩子交朋友，他们就给我取了“花姑娘”“二姨妈”等难听的绰号。朱老师，我也不想这样，我也想当个男子汉，你能帮我吗？

六年级学生：刘艳清

艳清同学：

你好！

你的苦恼我能感受得到，其实这种情况在学校里也经常出现。在我们国家，往往是母亲承担着家庭教育的重任，而到了幼儿园、小学和中学，老师又大多是女性。因此，一个人从孩提时代开始一直到青春期，都深受女性的呵护，耳濡目染，潜移默化，孩子有一点男性女性化的倾向，这也是可以理解的。再加上近几年，电视台选秀之风此起彼伏，愈吹愈烈，舞台上男性越来越女性化的面孔、越来越阴柔的举止，也慢慢影响着家长、青少年的一些审美情趣，所以，这也不能完全怪你。

但值得注意的是任何事都要有度，男女是一定有别的。有人说，男人站着要像一棵松，倒下也要像一座山，讲究的是坚韧挺拔，男儿气概；而女人如水，温婉善良、艳丽多姿，给人柔美妩媚的感觉。世界也正因为有了男人的阳刚之气和女人的阴柔之美，才显得五彩缤纷，异彩纷呈。但如果男儿过分的女性化，讲起话来奶声奶气，做起事来扭扭捏捏，稍遇挫折便娇滴滴地啼哭不止，做事胆小，没有男子汉的冲劲儿，没有责任感，遇事不敢担当，性格懦弱逃避，缺乏男孩子应有的顽强、勇敢、豁达大度的男儿之气，那就要引起注意，轻则会影响到目前的成长，影响将来的婚姻幸福和家庭美满，严重的则会造成心理问题和障碍。

那么作为一名男孩子，应该怎样克服女性化倾向呢？

首先，要认识到男性女性化的危害，尽量克服女性化的心理。自己要清楚地认识到，作为一个男子汉，有女性化的倾向是不好的，对自己的性格、气质的培养，在校的学习、交友，乃至今后找工作、找对象、成家都不好。在此基础上，你还要做深刻的自我反省和自我解剖，具体分析一下自己的哪些行为是女性化的行为并切实改正，只有找准了问题才能对症下药，最终也才能药到病除。

其次，在行动上，要重新塑造自己的男子汉形象。从一言一行入手，学习男子特有的风度、气质和习惯，在性格养成中更注重突出坚强意志力和抗挫能力的培养，努力塑造坚强果敢、宽容大度的男子汉形象。要敢于重新回到男同学当中去，并且找一些既理解人又具有男子汉气质的同学交朋友，请他们随时纠正你在无意之中表现出来的女性化行为。平常也可以学一学男孩子喜欢异想天开，想人之所未想，做人之所未做，勇于探索、好奇、追求、冒险的精神。

再次，你要多和爸爸进行交流和探讨。父亲在男孩成长过程中，可以发挥示范和引导作用，尤其在家庭教育中，父亲的作用很重要。正如著名的心理学家格尔迪所说：“父亲的出现是一种独特的存在，对培养孩子有一种特别的力量。”有心理学专家研究证明，男孩与父亲接触的机会越多，在一起的时间越长，他们就越勇敢、坚强、豁达、乐观。因为许多父亲比较重视教育孩子自立、自强、自理，勇敢地面对一切，自己的事情自己做，一般会有计划地培养孩子某些方面的品质，注意发展孩子某些方面的才能。因此，多和父亲交流探讨有利于男孩生理、心理的健康发展，也更有利于男孩男子汉气概的培养。

最后，要多多了解和参与到男性世界中来。你可以多看一些记录男性英雄人物的电视剧、电影或小说、传记，如最近常播放的《亮剑》《士兵突击》《雪豹》等优秀作品。还可经常参加诸如踢足球、打篮球、长跑等体育活动，注重身体运动能力的发展，在运动技能、身体敏捷性和协调性以及力量方面加强锻炼，争取在外形气质上强化自己的男性形象。同时，要多参与一些郊游、爬山、探险等户外活动，在大自然中寻找感觉。到公园时，不妨去玩一玩那些惊险而又保险系数很大的游戏，有助于培养男孩子坚强的个性和冒险精神，在这些活动中你会慢慢找到男子汉的感觉。

相信自己，挑战自己，战胜自己，你会越来越找到男子汉的魅力。

发表于《学生新报》2011 年第 9 期

学会从容应对挫折

“

朱老师：

您好！

我是一个五年级学生，性格开朗，活泼好动，课堂上最喜欢发言，老师每提出一个问题，我都会举手，并满心希望叫我回答。可最近有一天上公开课进行小组竞赛活动，我代表小组连续答错了4个问题，让我们组与冠军擦肩而过，引起了同学们的一片嘘声，我感到无地自容，红着脸难过地低下头……从那以后，我参加各种活动的积极性慢慢减退了，并开始有点害怕。朱老师，我要怎样才能找回昔日的自信？

五年级学生：佳　佳

”

佳佳同学：

你好！

真没想到，一次小小的挫折会让你如此担惊受怕，不过也很正常，在人的成长过程中，尽管谁都希望自己能“万事如意”“百事可乐”“一帆风顺”，可实际上并不可能，失败与挫折是不可避免的，小到积木搭不好，大到考试落榜，一个又一个的危机会潜伏在我们的周围，特别是中小学生由于受身心发展水平的限制，能力十分有限，心理承受能力较弱，有时即使在我们成人看来是极为微小的一次失误、失败，但对于你们来讲，可能就是一次不小的危机和伤害。因此，如果没有应对挫折的思想和心理准备，当挫折来临时，就像你现在一样，心灵受到伤害会情绪低落，一蹶不振。

俗话说：“好钢是烈火中锻造出来的！”其实，适度的挫折具有一定的积极意义，它可以引导人不断提高认识能力，增长才干，帮助人们驱走惰性，促使人奋进，正如古人说的“吃一堑，长一智”，经得起挫折，才能从容应对人生，所以说挫折是一种挑战和考验。

记得曾有这样一则故事：草地上有一个蛹，被一个小孩发现并带回了家。过了几天，蛹上出现了一道小裂缝，里面的蝴蝶挣扎了好长时间，身子似乎被卡住了，一直出不来。天真的孩子看到蛹中的蝴蝶痛苦挣扎的样子十分不忍。于是，他便拿起剪刀把蛹壳剪开，帮助蝴蝶脱蛹出来。然而，由于这只蝴蝶没有经过破蛹前必须经过的痛苦挣扎，以致出壳后身躯臃肿，翅膀干瘪，根本飞不起来，不久就死了。自然，这只蝴蝶的欢乐也就随着它的死亡而永远地消失了。这个小故事也说明了一个人生的道理，要得到欢乐就必须能够承受痛苦和挫折，这是对人的磨炼，也是一个人成长必经的过程。

大文豪巴尔扎克说过：“挫折就像一块石头，对害怕他们的人是一块绊脚石，对于健康的人是一块垫脚石，让人看得更高更远，不为眼前的困难所吓倒。”因此，你们要想在未来的竞争中成为佼佼者，做勇于开拓创新的强者，就必须从现在做起，走出温室，经受艰苦生活的磨炼，把一两次挫折的消极心理影响和有害的行为转变成积极的有益行为。你们必须明白，要想获得成功和幸福，要想过得快乐和欢欣，首先要把失败、不幸、挫折和痛苦读懂，受挫一次，对生活的理解加深一层；失误一次，对人生的醒悟增添一级；不幸一次，对世间的认识成熟一分；磨难一次，对成功的内涵透彻了解一遍，把“绊脚石”踏在脚底下，成为“垫脚石”。

小佳佳，别灰心，别泄气，一次两次的失败算不了什么，古往今来，大凡成功者都是在同困难与挫折的争斗中获取成功的。只有那些敢于面对同学，面对教师，面对父母，面对社会，面对困难，面对人生坎坷的人，才是真正勇敢的人，是最了不起的人，是人们最敬佩的人。

发表于《学生新报》2011 年第 6 期

落瓣的花朵也美丽

> 朱老师，我是个单亲家庭的孩子，父母离婚好几年了，可是还会经常打电话吵架。大多数是因为我，不是生活费，就是学习问题。每当这个时候，我只能没有出息地躲在被子里面哭，不知道我能做什么，不知道自己要怎么办？老师，求您帮帮我！

每当看到这样的来信时，心里总抑制不住对这些孩子产生异样的同情和关爱，他们小小年纪却过早、过多地承受了很多不该他们承受的东西。特别是很多单亲的中小学年级的孩子，因为心理发育还不成熟，更容易受到心灵的伤害。如不小心加以呵护，或不能及时解决，将对他们的健康成长产生不良影响，有的甚至会影响他们的一生，因此必须引起我们的高度关注。

单亲家庭是指由于父母离异或某一方去世，由父亲或母亲一人与孩子组成的家庭。目前在我国随着离婚率的每年递增，单亲家庭的孩子已经越来越多，据有关部门统计，目前我国单亲家庭子女人数已达数百万之多。很多的少年儿童生活在单亲家庭之中，他们能否健康、快乐地成长牵动了我们的国家、社会、教师和家长的心，大家都齐心协力地来帮助他们、呵护他们，那作为单亲家庭的孩子们自己又要怎样做呢？

我认为首先是要勇于面对现实，学会自我调整。父母离婚或一方死亡，那是迫不得已的事，其中苦衷，做儿女的有时无法理解，但你要清楚，很多事不是你能主宰得了的，也更不是你的错，因此你无须自责和愧疚。相反，既然已经无法挽回，还不如坦然地面对，学会自立自强，进行自我心理调节。比如，经常在心里默念“宝剑锋自磨砺出，梅花香自苦寒来”“磨难是财富”“我不怕！其实像我这样的孩子还有很多，他们也和我一样生活在单亲家庭里”之类的话，给自己形成一种积极的自我暗示。事实上很多单亲家庭的孩子如果善于自我调适，也能幸福快乐。有一位相当特别的男同学，他未满一岁时失去父亲，从小就在单亲家庭长大，毕业前夕，他自费出书，以感恩的心情，描述在单亲家庭长大的过程，献给妈妈两万多字的感动，母亲当场激动得泪流满面。

其次，要学会交流与分享，培养自信，消除自卑。由于家庭的变故，单亲子女的生活比较单调，可能需要承受来自生活、学习环境中的歧视、偏见和嘲弄，部分单亲子女因此在性格上变得内向、忧郁、自卑，甚至孤僻和敏感，常常不愿与人交往，独来独往，心事重重，容易感到精神上的空虚与寂寞。因此要学会大胆地、主动地和老师、家长、同学进行交流沟通，诉说心中的烦恼，分享所有的快乐，勇于表现自己，张扬个性，培养能力，积极参与社会活动，充实生活的内涵，走出自我封闭的小圈子。

再次是要学会寻找生活中的兴趣点，学会放松，转移注意力。要善于寻找生活的兴趣点，充分挖掘自己的潜能，培养自我的成就感。闲暇时要丰富自己的生活，转移注意力，多去旅游、爬山、游泳、打球、看书、唱歌等，走向大自然，走向社会生活，扩大交际面，不要老闷在家里玩电脑、打游戏，“独学而无友，则孤陋而寡闻”。其实只要你乐观、豁达、宽容、忍让、多才多艺，你就一定能得到别人的认可和尊重。

值得注意的是家长，每天再忙，也应抽时间多陪陪孩子。陪孩子聊聊天，一起娱乐一下，或者协助他们解决学习上的一些难题。此外，还可帮助孩子多交一些朋友，让孩子把朋友一起请到家中来玩，以弥补亲情的不足。学校教师对单亲家庭的孩子也要更有爱心、耐心和诚心，动之以情，晓之以理，这样才能够帮助并逐步引导他们克服不正常的心态，与其他孩子一样地健康成长。

总之，单亲家庭的孩子就像海面上行驶的一叶孤舟，如果领航员能正确引导，他们同样会避过惊涛骇浪，渡过暗礁岩石，安全抵达明净的港湾。让我们每位关心孩子成长的人都来做单亲家庭孩子心灵上的领航员，使他们顺利走向生活的彼岸。

发表于《学生新报》2010 年第 5 期

多疑的孩子多烦恼

朱老师，我有个好朋友，我们相处得不错。可他有个坏毛病，老是敏感多疑，看到别人在旁边窃窃私语，就怀疑是在说他；别人无意中看他一眼，他也觉得别人不怀好意，有时甚至怀疑我对他的真诚。虽然他在班里是学习委员，成绩优异，但因为总担心别人说他坏话，搞得同学们都不敢和他来往，人缘关系很不好，您说我要怎样帮助他？

学生：武文军

文军同学：

你好！

很高兴你能为朋友性格多疑的问题向我咨询，我为他能有你这样一位真正的朋友而高兴。尽管古语说“害人之心不可有，防人之心不可无”，与人相处适当设防很有必要，但如果始终抱着怀疑一切的态度与人交往，就会陷入多疑的心理困惑中。多疑的人往往仅凭主观臆造就对别人抱有不信任心理，常常通过“想象”，把生活中发生的无关事件“拼凑”在一起，整天疑神疑鬼，无中生有，处处神经过敏，事事捕风捉影，这样会损害正常的人际关系，导致朋友间的疏远。多疑心态一旦形成，会变得消极、悲观，常常感到孤独、寂寞，影响个人身心健康，的确害人不浅。

要想帮助他走出敏感多疑的陷阱，我觉得有几个方面要加以注意。

一是了解多疑心理产生的原因。一般来说，多疑的人一旦产生怀疑，就会进行消极的自我暗示，为自己的怀疑自圆其说，结果本来并不存在的东西就会被想得跟真的一样，从而越陷越深。郑人疑斧、杞人忧天、杯弓蛇影其实都来源于自己不正确的自我暗示。此外，缺乏自信也是促成多疑的重要因素，对自己的能力不自信，才会觉得别人都瞧不起自己、计算自己。还有就是“一朝被蛇咬，十年怕井绳”，以前因轻信别人而上当受骗的人，也容易对其他人失去信心，不敢再轻易相信别人。

二是要认识到多疑的危害及不良后果，加强自己的修养。英国哲学家培根说过：“猜疑之心犹如蝙蝠，它总是在黑暗中起飞。这种心情是迷陷人的，又是乱人心智的。它能使人陷入迷惘，混淆敌友，从而破坏人的事业。”如果我们能充分认识到多疑的危害，就能果断地克服多疑猜忌，用高度的理智、宽阔的胸怀、友善的态度对待他人；如果我们的心广大如天地，虚旷如日月，就不会为一些小事而斤斤计较，

无端猜疑了。

三是要广泛培养兴趣爱好，学会交友，加强沟通交流。敏感多疑的人往往行为孤僻，多愁善感，善于觉察别人不易觉察的细节。但是却缺少与人沟通的能力，缺少是非辨别能力，喜欢按照自己的想象来判断别人的想法。有时也有可能是由于兴趣爱好不广泛，社交活动少，思想闭塞、狭隘造成的，因此可以鼓励朋友多参加各种集体活动，多与他人接触交往，通过适当的方式，与他人进行情感交流，增加对他人的信任感，从而解除心中的疑惑，培养豁达、开朗、大度的性格。

四是学会理性思考，增强自我调节能力。当发现朋友猜疑某个人或某事件时，要及时提醒、告诫他，帮助他增强信心，理性思考，要认识到一个人“金无足赤，人无完人”，一辈子不可能一帆风顺，难免遭到别人的议论和流言蜚语，不必老放在心上，不要过分在意别人的看法，朝着猜疑的方向思考；也可以坦率地、诚恳地把猜疑的问题提出来，心平气和地谈一谈。其实只要你以诚相见，襟怀坦荡，相信疑团是可以解开的，从而能从多疑的心理状态中解脱出来。

文军同学，有你这样的好朋友帮忙，相信你的朋友一定会及早走出敏感多疑的怪圈，变得越来越成熟自信的。

发表于《学生新报》2016 年第 1 期

抚慰孩子孤独的心

“

朱老师：

您好！

我是一名四年级的小学生。我的爸爸和妈妈在我三岁的时候就离婚了，妈妈又找了一位继父。继父不管是在家里还是在学校里，都大大咧咧的，吃完饭就拿着我撒气。

在爷爷奶奶家，奶奶虽说善良，可是经常去“老年大学”唱歌，只有我和爷爷在家。爷爷就会用竹鞭或火钳的物品来打我，可是不能哭，再疼也得忍着，因为越哭他打得就越厉害。我真不知道该怎么办……

我的爸爸因为一场车祸而丧失了右脚，可他依然每个星期天都来接我，我让妈妈和爸爸复婚，可她就是不听，反而打了我一顿。

现在在家里能同情、理解我的人只有外婆了。但外婆老了，很不懂什么知识。有一次她像我一样去请求妈妈复婚，可妈妈不仅不听，还一手把外婆给推开了……

孤独的我真不知道该怎么办，请朱老师帮帮我。

”

亲爱的小同学：

你好！

读着你的来信，心情很是沉重，让我不由自主地想起了《卖火柴的小女孩》中那个凄楚寒冷的圣诞平安夜，那个在梦想和现实中徘徊最终离去的可怜的小女孩。犹豫再三都不好下笔，再加上这段时间媒体报道了一些父母遗弃、虐待孩子的新闻，更让我不安以致伤感。是呀，每个孩子都是上帝送给父母的礼物，是父母爱的结晶，理当精心呵护，可没想到，小小年纪的你，却过早过多地承受了你本不该承受的委屈和苦痛，让我的心好疼。

孩子，从你希望爸爸妈妈复婚，来信文从字顺、表达清晰、用语自然，连标点符号都很规范看得出你很懂事，学习也一定很好，老师同学一定很喜欢你。因此我希望你继续保持和发扬你的优点和长处，用优异的学习和良好的人际关系来赢得更多的尊敬和喜爱，千万别因为家庭中的这些变故影响到你的学业。

你希望爸爸妈妈复婚，好给你一份完整的爱，这是一个良好的愿望，但不一定现实，你也主宰不了。尽管我不知道具体原因，但我相信他们的离异一定是迫不得已的事，其中有些苦衷你也许暂时还无法理解。再说现在妈妈又建立了自己新的家庭，再回头也很难。所以，你要学会承认现实，既然已经无法挽回，还不如坦然地面对，该努力的你已经努力过，付出过，就不要自责愧疚，相反要学会自立自强，学会自我调整。

其实，人生的道路很漫长，没有谁会是一帆风顺。“自古雄才多磨难，从来纨绔少伟男”，古今中外那些功成名就的仁人志士都曾经经历了这样那样的苦难和折磨。司马迁接受过腐刑，岳飞少年丧父，雷锋是个孤儿……2010年的中国达人刘伟大哥哥，小时候失去双臂，但却矢志不渝，自强不息，成为世界上第一个用脚弹钢琴的人，赢得了尊重。“宝剑锋自磨砺出，梅花香自苦寒来”，其实现代社会像你这样的孩子还有很多，所以一定要乐观开朗豁达，培养自信，消除自卑，如果遇到一点挫折就逃避退让，自轻自贱，是很难有出息的。

至于和大人的关系，我建议你要学会理解、沟通与交流。现在的父母也不容易，要承受来自社会方方面面的压力，家庭、事业、生活、孩子都要操心，有时也会心力交瘁，应接不暇，难免对你动口动手，发发脾气，希望你也多尊重理解他们，多关心体贴他们，尤其是他们心情不好的时候，不要因为自己的过失火上加油，招致无妄之灾。平时回家按时完成作业，做点力所能及的事，不要让他们过分操心。在学校也要大胆地、主动地和老师、同学进行交流沟通，诉说心中的烦恼，分享快乐，勇于表现自己，张扬个性，培养能力，积极参与社会活动，充实生活的内涵，走出自我封闭的小圈子。

最后还想唠叨的是做父母、长辈的一定不要忽视孩子的心理感受，要精心呵护他们的身心健康，千万不要因为我们的疏忽大意让孩子过多过早地承受压力和痛苦。要知道孩子是我们的，只有健康的家庭才能培养出健康的孩子，才能营造幸福的人生。

发表于《学生新报》2011 年第 2 期

让童年远离孤独

“

朱老师：

我是一个性格内向、胆小自卑的人，平时很难融进班集体中，同学们谈论什么，我总是插不上嘴。看着大家聊得热火朝天，我也很想加入，但苦于找不到共同话题，以致现在我的朋友很少，时常感到孤独寂寞。请您告诉我，我要怎样才能增进与同学们的感情呀？

六年级学生：车小敏

”

小敏同学：

你好！

“孤独”是现代社会的流行病，只是没想到你小小年纪就过早地开始品尝孤独的滋味，这真是很遗憾的事。不过你既然已经知道了它给你带来的危害，并愿意改进，这就是一个不小的进步，也希望这封信能给你一点启示和帮助。

人是生活在各种复杂的社会关系中的，与他人交往，是人的正常心理需要。快乐时有人与你分享，痛苦时有人为你分担，迷惘时有人给你指点，困难时有人给你援助，忧伤时有人来安慰你，气馁时有人来鼓励你，这是一件很幸福的事。通过人际交往，人们能够寻求心灵的沟通，能够寻找感情的寄托，这对成长中的青少年来说，更是弥足珍贵的。

处理好人际关系很重要的一点是需要客观地认识自己，也就是所谓的“知己”。要能够正视自己的长处与短处，既要看到自己的优点、亮点，也不隐瞒存在的问题和不足，这样处人处事时就可以尽量避免使自己陷入困难的处境。你说你性格内向，胆小自卑，很可能这就是阻碍你进行正常人际交往的一大弊病。要知道，良好的性格是处理好人际关系的重要因素，热情开朗、宽宏豁达、诙谐风趣的人会使周围的人感到亲切认同，乐于接受，愿意亲近。而自卑胆怯的人会使对方失去交友的快乐气氛，大家都喜欢明朗的人，谁也不愿意整天面对一个面色阴沉、唉声叹气的人。所以，让自己做个自信乐观的人，你就一定会拥有越来越多的朋友，你也会越来越快乐，越来越讨人喜欢。

此外，在人际交往的过程中，还要学会“知彼”。要学会体会、观察别人的需求与感受，如果你能将心比心，换位思考，一定可以减少很多不必要的误会和不愉快的冲突。我们自己渴望别人的关心、呵护，也应想到别人也有同样的需要。其实你越关心别人，你在他生活中的重要性就会越来越大，他也会转而关心、帮助你，这就是古人所说的“投之以桃，报之以李”。

那么，在与同伴交往中要注意些什么呢？

首先要真诚地关心同伴。对同学要热情周到，当同伴有求于自己时，只要是正当的，就要尽己所有满足对方的要求；当看到别人有困难时，要主动去帮助、关心和体贴，尽可能避免给同伴出难题。

其次要宽容地对待同伴。宽容是现代人应当具备的良好品质，它表现为对别人宽厚，有气量，不计小隙，能容人之短。生活中充满了矛盾，同伴之间难免有被人误解、被人嫉妒和被人背后议论之类疙疙瘩瘩的事情发生。我们有必要学习林则徐的“海纳百川，有容乃大；壁立千仞，无欲则刚”，宽容别人，礼让别人。

再次要积极主动与同伴交往。在紧张的学习生活之余，不妨主动地找同伴谈心，讨论某些问题，交换一些意见，互相传递信息，要善于发现并欣赏其他同学的优点，学会赞美别人，平常别人遇到困难时要帮上一把，不能看笑话，更不能落井下石。平时多关心班级的各种活动，多参加集体活动，这样能让别人更多地了解你的才能。有时候，爱管闲事也是很好的，别人会觉得你很热心，这些都可以加深你与同学之间的了解和信任。

最后建议你不要急于求成。人际交往的事情是急不来，勉强不来的，要想改变和提高需要一个过程。慢慢来，不要刻意讨好别人，好好学会与同伴交往的方法，并不断实践。久而久之，你就能架起一座沟通交往的桥梁，找到一条通往成功的坦途。

发表于《学生新报》2011 年第 10 期

走出孤独的小天地

“

老师，我很孤独，在班上几乎没有朋友，很少与人说话，同学们似乎也从未注意过我，甚至意识不到我的存在，所以常常只能默默无语。可我也需要友谊，也需要关心，需要倾吐心中的苦闷，可现在却只有深深的孤独，我好累呀！

五年级学生：黄小明

”

小明同学：

你好！

看你的来信让我很是难受，五年级的你本该拥有如朝霞般灿烂的童年，活泼、开朗、快乐，无忧无虑，可你却像离群的孤雁，与孤独为伍，生活得很累、很不开心，怎不让人为你担心呢？

常言道：在家靠父母，出门靠朋友。在人们眼中，学生总是三五成群，结伴而行的，与朋友有说有笑、同甘共苦是一件快乐惬意的事，因此合群也是中小学生心理健康的重要标志。可我们也不难看到在众多孩子嬉笑吟吟、热闹非凡的同时，有的同学却往往一个人静静地坐在教室离群索居，或是漠然地看着伙伴们玩，自己当看客，或是埋头做自己的事，各人自扫门前雪，不管他人瓦上霜，哪怕周围的同学笑得前仰后合，乐不可支，似乎也跟自己没啥关系。久而久之，会对集体生活感到莫名的担忧和恐惧，习惯性地退缩在角落里，孤独寂寞地远离同伴们活泼的身影而成为生活的旁观者，这种情况如果任其蔓延，不加以改进，容易形成自我封闭、孤立，变得孤独、烦闷、抑郁，将直接影响到他们今后的健康成长。

要改变这种状况，消除孤独感，不妨从以下几方面做起。

首先要学会准确定位，正确地认识自己，客观地评价自己。尽管我不知道你是因为个性、家境还是其他什么原因把自我锁闭起来，但一定要认识到：不要总认为自己不如别人而忧愁烦恼，终日独处；也不要自己觉得比别人强，弄得“曲高和寡”，不被人理解。你就是你，不自卑，不自亢，不自傲，客观了解自己的长处和弱点，以便在和同学相处的过程中能扬长避短，扬长补短。

其次要学会放大胆量、肚量，主动与人交往。孤独的人总是呼唤友谊，却又老是等待别人伸出友谊之手。其实，友谊在于培养，不在于等待，在于真诚奉献，而不在于索取。要想得到别人的友谊，你首先要学会付出，学会自我开放，主动与人沟通，学会用别人喜欢、接受的方式把自己的思想、感情传递给对方，学会用自己的“以诚待人”换来对方的“以诚相待”。

再次要学会与他人沟通。要大胆地从孤独的角落里走出来，学会悦纳自我，正视他人，遇到困难、挫折时，要学会主动打开心扉，向家长、老师、同学、朋友倾诉，把自己的想法说出来，让大家为你出谋划策，分忧解愁，慢慢地你也将成为热闹人群中的一员，露出灿烂开心的笑容。

发表于《学生新报》2012年第4期

最近比较烦

“

亲爱的朱老师：

您好！

我有一个烦恼，希望您能帮我解决。我是一名四年级的小学生，性格开朗，乐于助人。只不过我的烦恼让我很难过，我的爸爸数学很好，妈妈语文很好，但是爸爸脾气不好，动不动就骂人，妈妈也经常不相信我，爸爸只要我犯错了就绝不理我。我现在很苦恼，而且对生活也没抱太大的希望了。

四年级：小　莫

”

小莫同学：

你好！

很高兴你能把自己的烦恼告诉我，希望得到我的帮助。这说明你是一个积极进取，追求上进，很在意别人评价，希望努力改正缺点，成为一个到处受人喜欢的人。只不过你应对烦恼的态度有点让人担心，特别是有了点烦恼就对生活失去信心的想法更不足取。

俗话说：人无远虑，必有近忧。每个人的人生不可能到处都是鲜花掌声，都会有这样那样的忧愁和烦恼，但关键是你如何看待。有的人面对困难和挫折，一笑置之，坦然面对，安然无恙；有的人却忧心忡忡，担惊受怕，惶惶不可终日。

感觉得到，你的爸爸妈妈都很优秀，家里文理兼备，当然也会对你多一分期望甚至是苛求，希望你成龙成凤，多学本领，以便今后走上社会能应对自如，游刃有余。因为爱之深所以才责之切，因为恨铁不成钢，所以他们会严格一些，急躁一点，有时甚至会采取过激的言辞及方法，如你所说的不理你，指责批评你，不相信你等。如果再因为工作特点、时间多寡及生活阅历等自身因素和家庭的关系，他们也许不太具备心理健康教育和现代家庭教育的理论和实践，他们的一些说法、做法会伤害你的自尊心，引起你的反感和愤怒也是极为正常的。所以首先你要理解父母亲的一片好心，体谅他们养家糊口的不容易，通过你真诚的努力和骄人的实绩赢得他们对你的信任和喜爱。比如说认真听讲，积极完成家庭作业，考出好成绩，诚实，善良，有错必改，关心体贴家人，做一些力所能及的家务事，等等。

此外你还要特别注意和父母的沟通交流，学会倾听。古语说：灯不拨不亮，话不说不明，话明则气散。很多时候人们彼此之间有矛盾并不是什么大不了的事，都是一些鸡毛蒜皮的小事，但如果不想沟通，打肚皮官司，极容易导致南辕北辙，牛嘴朝东马嘴朝西，始终拉不到一块儿；如果沟通时不会倾听，不注意说话的分寸、方式，也容易引起误会，导致矛盾冲突，有时甚至会酿成灾祸。我想只要你能做好这两点，让父母亲时常看到你的努力和表现，他们一定会很喜欢你、信任你，不至于时刻盯着你，只看到你的问题和不足。

再有就是你要努力增强自己的心理弹性，提高抗挫折能力，不要为一丁点的困难和烦恼压倒。今后你还要慢慢长大，也会面临很多的压力，如果稍遇挫折就怨天尤人，一蹶不振，感到失望、失落、失败、失志，那很难在社会上立足，更谈不上得到别人的赏识和喜爱。俗话说困难像弹簧，你弱它就强，水无压力不流动，人无压力轻飘飘。如果你能把困难和挫折踩在脚下，成为你的垫脚石，变压力为动力，成功离你并不遥远。

最后送你一副对联，让你的父母亲和你好好地去领悟：有志者事竟成，破釜沉舟，百二秦关终属楚；苦心人天不负，卧薪尝胆，三千越甲可吞吴。

发表于《学生新报》2011 年第 7 期

别让嫉妒蒙住你的眼睛

朱老师：

您好！

我是一个漂亮的小女生。我的家里有爸爸、妈妈、爷爷、奶奶、姐姐和我。姐姐很讨厌我，我问她为什么，她说，她很烦我，因为我的出生夺走了本该只属于她的太多太多的爱。

我多次藏在被子里偷偷哭泣，边哭边想：为什么我会有这样的一个姐姐？我曾经试着跟她说："姐姐，家和万事兴，我们和好吧！"可是她，连看都不看我一眼。

唉，现在，我每和她吵架，她就会把"横刀夺爱"这个词挂在嘴边。真希望，姐姐能跟我和好，那么，这个分裂的家庭就可以重新合成了！

祝您工作愉快！

同学：

你好！

读你的来信，既感到高兴，又觉得不安。高兴的是你聪明伶俐，通情达理，温婉可人；不安的是，你小小年纪就承受了许多本不该承受的委屈，让你很苦恼。不过，你能尝试着和姐姐沟通，现在又勇敢地把自己的想法说出来，希望得到朱老师的帮助，这本身就是一种了不起的进步。

你很幸运，在很多家庭都是独生子女的今天，你能有一个姐姐陪伴你，你们一起走过孤单，快乐成长，是多么幸福的一件事。但遗憾的是你的姐姐并没有意识到这种幸福，相反觉得你"横刀夺爱"，故意欺负你，这其实是她的自尊心作怪，对你产生了嫉妒心理而导致的。

那什么是嫉妒呢？它又有哪些危害？心理学认为，嫉妒是由于别人胜过自己而引起抵触的消极的情绪体验，是一种既爱慕又敌视，既恐惧（恐惧他人优于自己）又愤恨（愤怒他人优于自己）的混合心理。它的最大特点是心胸狭窄，争强好胜，虚荣心强，自我意识浓，不能容忍旁人超过自己。常言道：嫉妒之心，人皆有之。因此嫉妒也是小学生比较常见的一种损人又损己的消极、有害的心理，如果不及早发现并认真处理，会造成人与人之间的关系紧张，互相诋毁，甚至会由于攻击性情绪的发泄而造成悲剧，对学生的健康成长是极其有害的。

就你的情况来说，也许如你所说你是个“漂亮的小女生”，或许因为年龄小的缘故，家里人都很疼爱你，要求姐姐凡事都要让着你，再因为你很乖巧听话，大人对你有所偏爱……总之，这一切都让姐姐感到难受、烦恼，觉得这些本该都是她的，却因为你的出现而失去，又不敢和大人发火，因此只能把对他们的不满迁怒于你，仗势欺人，以大欺小地统统发泄到你的身上，以寻求内心的平衡和满足。这不是你的错，所以你也不用过分难过。

那么面对这种情况，你要怎么去对待呢？

首先你要尊重、理解你的姐姐。在家里无论怎样她都比你大，很多事大人难免就会让她去多做一点，要比你辛苦一些；在学校她也许快到初中，或许进入了青春期，学习压力、心理压力也相对比你大，性子有点急躁在所难免。因此，做妹妹的要学会替姐姐着想，不要去和姐姐争宠，更要注意别在父母面前告状，说姐姐的不是，也别老在家长、姐姐面前炫耀，过分表现自己，以免引起她的不快。

其次要多和姐姐沟通交流。矛盾有时来源于误解、胡乱猜测、主观臆断。你发现没有，很多时候姐姐欺负你时都会找出在她看来很合理的理由，使你觉得委屈、冤枉。这就需要你和姐姐平时多沟通交流，相互尊重体贴，在情绪激动时不要一味地争吵、辩白，待心平气和后亲自或是求助父母、老师讲清楚，做到消除隔阂，话明气散。如果一味打肚皮官司，打死都不说，心里的疙瘩会越结越紧，对你们姐妹今后的成长和家庭的团结和睦都不好。

再有就是要发挥家长的作用。父母对孩子过分或片面的炫耀和夸奖，会使有的孩子产生唯我独尊，不允许别人超过自己的嫉妒心理，也会使有的孩子自轻自贱，过分夸大自身缺点错误，产生自卑心理，这都是不好的。一般情况下，有嫉妒心理的孩子，自身都有一定的性格弱点。如：与朋友之间交往时，喜欢让所有人围着自己转，以自我为中心；当自己不能成为焦点时，就会发脾气；喜好受人称赞，当听到有人夸别人时，就会产生嫉妒的心理，等等。因此，你要建议家长有意识地设置环境，创造和谐氛围，多学习家庭教育的经验，多看看培养孩子成长的书籍，了解姐姐的个性特点，平时对姐妹两人要一碗水端平，不要厚此薄彼。在良好的家庭氛围中逐步陶冶你们的气质风度，让你们拥有博大的胸怀。

我想，如果有了家长、老师的耐心呵护，有你们自己真诚的付出和不懈的努力，你和姐姐一定会吹散笼罩心头的嫉妒乌云，换来一个纯真无瑕的心灵世界，相伴童年、相伴永远。

发表于《学生新报》2010 年第 8 期

改掉任性的坏习惯

> 朱老师，我有一个好朋友，因从小跟爷爷、奶奶生活，养成了自私、任性的习惯，事事都要依着他，一旦违背他的心愿就不高兴，乱发脾气。所以同学们都不爱与他玩，我也觉得不好，但看到他这样又有些于心不忍，他爸爸妈妈也请我帮助他，我要怎样做？
>
> 小　峰

小峰同学：

你好！

看到你的来信，感受到你很真诚，很细心，也很有爱心，做你的朋友真是件幸福的事。在很多父母都告诫孩子“事不关己，高高挂起”的今天，像你这样的朋友已经不多了，所以很为你的朋友庆幸有你在乎他，替他着想。

你说朋友很自私、任性，这可是不好的习惯。自私自利，以自我为中心本就让人不快，如果再加上任性，脾气差，那就更让人生厌，找不到知心朋友也很正常。说到任性，顾名思义就是任由自己的性子来而不考虑时间、地点、场合以及别人的感受。《现代汉语词典》解释为：放任自己的性子，不加约束。一个人如果过于任性，自以为是，最终会固执己见、一意孤行，变成孤家寡人，严重影响自己的人际交往，所以一定要改掉这个坏习惯。我建议你不妨从以下几方面入手。

首先你要和朋友心平气和、开诚布公地谈一谈他身上存在的问题，让他真正认识到任性的危害，从而有所警醒。任性的人常常对自己的需要、愿望或要求毫不克制，听凭秉性行事，放纵而不加约束，抗拒、不服从外来的管教，不按照别人的要求去做，或者表面上答应、内心不服。这样做会导致执拗、偏激，甚至无理取闹，一旦过激还会对人对己造成伤害。当然也有人狭隘地把任性理解为特立独行的个性，觉得是有主见、有性格、执着。但我认为即使是独树一帜的个性也要能够让别人接受、认可，容易与别人相处，不伤害别人才好，否则只会让人离他远去。

其次在和朋友相处的过程中不要轻易满足他的不合理要求，而要努力帮助他培养自我管理的意识。任性是一种特殊心理需求的表现，平时在家里父母教育缺乏耐心，过分娇宠、纵容，隔代喂养，自制能力差、易冲动，思维带有片面性及主观性等都容易养成孩子任性的不良习惯。也许这一切在家里不算过分，但走到学校，将来还要走上社会，绝不可能事事顺心，样样遂愿，人人宠你，如果一旦不满足就乱发脾气，或者恶语伤人，将会处处碰壁。建议当他因自己的要求得不到满足而使性子时，可以采取不予理睬的态度，让他觉得自讨没趣，受点挫折，增强点抗挫能力，培养心理弹性，慢慢地他会思考并有所改变，从而逐步养成自我管理的习惯。

还要提醒你注意的是，你在帮助他的同时，一定要主动得到他家人、老师的支持和配合，绝不要“一个人在战斗”。可以向他的家人提出具体的要求，大家齐心合力一起帮助他。千万不要家里、外面弄两张皮，让他左右摇摆，不知所措，最后说不定会依然故我，不了了之，那就失去了帮助的价值和意义。帮助的方式要尽量委婉，决不能简单粗暴，以免引起他的反感变得更逆反，或是以为你们是故意孤立他而变得更极端。

小峰同学，衷心祝愿你的努力会收到很好的实效，能帮助你的朋友走出人际交往的困境，变得通情达理，宽容豁达，不再任性。

发表于《学生新报》2014 年第 7 期

“精神自虐”害人不浅

> 朱老师，我发觉自己最近可能有所谓的“精神自虐”问题。很多事我知道应该去做，可是却偏偏不去做。比如说完成作业，我明明有时间和精力可以完成，但会故意发呆（书就放在面前却不动），或者去看自己也没兴趣的电视等从而浪费时间。但内心却一直在挣扎、纠结，充满自责、焦虑和恐慌，就像自虐一样，让我感到越来越痛苦。我该怎么办？
>
> 王　伟

王伟同学：

你好！

看得出你是个很有心的孩子，很希望自己能优秀成长，但轻易就给自己贴“精神自虐”的标签，我倒觉得不妥，那会让自己形成不良的心理暗示，反而不好。

所谓的“精神自虐”，顾名思义，就是从精神上自己折磨自己，往往指当心情郁闷时，由于对自己的失望、痛恨、不满而产生的自我伤害、贬低、折磨和虐待，是一种心理不成熟或不健全的表现。平常我们所说的“自寻烦恼”“自讨没趣”大致都属于这类，其表现方式是嫉妒、愤怒、抱怨、压抑、自卑、自我攻击、有完美主义倾向等。

其实，人生过程中谁也不可能一帆风顺，都会有心情不好甚至灰暗的时候。美国心理学家彼特甚至认为：“世界上大概有一半人具有自虐狂倾向，他们觉得自己浑身都是缺点，事事与愿望相违背，丧失自信心，心甘情愿让别人压在自己头上。”

但有的人善于调节，积极应对，随遇而安，很快就能恢复；但有的人却沉湎其中，自怨自艾，难以自拔，久而久之会影响到自己的身心健康。实际上，喜欢精神自虐的人往往都是对自己要求高、心地特善良的人，因为他希望自己有所建树，不忍心伤害到任何人，所以常常用折磨自己的方式来化解痛苦，释放压力。

下面介绍几种方法，希望对你有所帮助。

一、自然陶冶法。人生在世，喜怒哀乐皆有。当你平时心情不好的时候可在学校里风景较好的地方散散步，感受蓝天白云，绿树红花，微风拂动，或高声吟诵自己喜欢的诗词歌赋、名言警句。周末和假期到公园、风景区观光游览、度假旅游，寄情山水，痛快地玩一玩，对改变你的不良情绪肯定会有帮助。

二、合理宣泄法。人在苦闷的时候要学会采用合理的方式来宣泄，比如说有氧运动，尽情歌唱，多参加一些课余活动，多看一些课外书，拓宽自己的视野，让自己的心胸变得开阔。这样，就不会感到压抑，所谓的烦恼也就不成其为烦恼了。此外还要学会与人沟通，把自己心中的困惑、不满都向他人倾泻出来，这样，痛苦减去了一半，快乐却多了两倍，就能够避免自虐心理和自虐倾向的发生。

三、情绪转移法。要充分认识到不良情绪的严重后果，学会客观、全面地分析和看待问题，凡事都不要苛求自己，逐步增强快乐、健康的自信心和创造力。要学会把自己的注意力从消极的、不愉快的负面情绪转移为积极、乐观的情绪状态之中，传递正能量，通过实际行动来自我调节，从而摆脱不良情绪的缠绕，化悲痛、烦恼为力量。

有自虐倾向和自虐心理的人并不可怕，也不要封闭自己，若不能自我控制，一定要及时就医，在医生的帮助下是完全可以摆脱这种不良的心理状态的，千万不要讳疾忌医，耽误时间，以免后患无穷。

发表于《学生新报》2014 年第 2 期

别让愤怒伤人伤己

“

朱老师，我跟班上的同学都相处不好，平时只要稍有不顺心的事，就忍不住会发脾气。明明自己知道不对，但总是控制不好情绪，以至于大家都不愿跟我玩。我觉得很孤独，请问老师我该怎么办？

刘 锋

”

刘锋同学：

你好！

你能及时发现自己的问题并诚恳地向我请教，说明你有了改变自己现状的良好意愿，这就是很好的开始，我很乐意帮助你。

实际上愤怒是一种有害的消极情绪状态。许多中小学生，由于情绪的自我调控能力较差，冲动性较为明显，因此常常乱发脾气，或者为一点儿小事就大打出手，一旦老师、父母的某些做法不够合理就“勃然大怒”……过后呢，愤怒常常给人带来意想不到的麻烦，如同学关系疏远，师生关系紧张。而且长期、持续的愤怒对自己的健康损害也是极大的，过度的愤怒甚至还会使人丧失理智，引发犯罪或其他后果，因此学会控制愤怒的情绪十分重要。记住以下几点会对你有用。

一、认识愤怒情绪的危害。愤怒是一种不好的、负面的情绪，愤怒会伤害别人，失去朋友，也会对你的生活造成不好的影响。有个小故事，说的是一个小孩无法控制自己的情绪，经常乱发脾气，父亲给他一包钉子，让他生气时就在木板上钉一个钉子，其中一天他钉了 37 颗。父亲对他说："一天不发脾气你就拔一个吧！"一段时间过去了，木板上钉子钉孔，历历在目，儿子从此不乱发脾气了，因为他明白控制自己的情绪比钉钉子容易得多，可即便钉子拔完了但还是留下了许多伤痕。这个故事告诉我们，要好好控制自己的情绪，这样对任何人都有好处，既可以保护自己的健康，也可以给他人带来快乐。

二、适当转移注意力。日常生活中不可能事事一帆风顺，有许多事会使人产生愤怒的情绪。如果遇到这种情况，要尽量学会"避其锋芒"，暂时躲一躲，以免刺激自己发怒。比如自己安静地待一会儿，也可以出去走一走，听听音乐，或者和谈得来的朋友在一起聊聊天，干点儿自己喜欢的事。慢慢地随着环境的变化，心情就会好起来。说不定一段时间后，一件当时使你感到"怒不可遏"的事，就会很容易接受，感觉到已经不那么值得生气了。

三、思考理智，绝不能冲动。常言道"冲动是魔鬼"，"忍一时风平浪静，退一步海阔天空"。要知道脾气来了，福气也就走了。当你动怒时，最好先想想以下问题中的任何一个：我为什么生气？这事或这人值不值得我生气？生气能解决问题吗？生气对我有什么好处？可以在即将动怒时对自己下命令：不要生气！坚持一分钟！一分钟坚持住了，好样的，再坚持一分钟！再坚持一分钟！两分钟都过去了，为什么不再坚持下去呢？慢慢平息内心的愤怒，学会用理智来控制发怒的情绪反应。

四、合理宣泄负面情绪。如果有的事情或人有充足的理由使我们发怒，老压抑也不好，也会憋出病来，说不定这种愤怒会在某个时候突然爆发，遇到这种情况不妨坦率地把心中的不满讲出来，你就会发现心里会爽快一点儿。或者通过其他更多的方式宣泄出来，比如去打沙袋、踢球、唱歌、写日记等，将恶劣的负面情绪的能量释放掉，就能减少愤怒对自身的伤害。但要注意负面情感的宣泄要以不损害他人的利益为前提，切不可在情绪的支配下，做出自伤、自残等过激的行为。

发表于《学生新报》2015 年第 6 期

让苦痛变成我们成长的养料

朱老师：

您好！

我一直是您忠实的小读者。您在《别让愤怒伤人伤己》的文章最后写道："负面情感的宣泄要以不损害他人的利益为前提，切不可在情绪的支配下，做出自伤、自残等过激的行为。"我看到这里忍不住哭了，因为我在很伤心的时候，总觉得难以得到解脱，就狠狠地咬自己的膀子，直到咬得出血，才会觉得好过些。我也不断告诉自己不要这样，可一遇到伤心的事情还是会这样做。朱老师，您能告诉我该怎么办吗？

一个伤心的孩子

孩子：

你好！

看完你的来信，我很心痛。尽管你没有署名，也没有告诉我你是男孩女孩，有多大了，读几年级了，等等，但我能确定你是一个善良的孩子，你善良到了把心里所有的愤怒都指向了自己，正因为你不忍心伤害到别人，又无法宣泄自己内心真实存在的负面情绪，所以才从自己下口下手，让自己伤痕累累却又伤心不解，难以掩盖却又加剧了痛苦。

孩子，读了你的故事，我在疼惜忧虑之余，又很自然地想起不久前读到的一则故事：有一个农场主为了方便拴牛，在庄园的一棵榆树上箍了一个铁圈。榆树慢慢长大，铁圈慢慢嵌进了树身，榆树的表皮留下一道深深的伤痕。有一年，当地发生了一种奇怪的植物真菌疫病，方圆几十公里的榆树全部死亡，唯独那棵箍了铁圈的榆树却存活下来。植物学家对此产生了兴趣，于是组织人员进行研究。结果发现，正是那个给榆树带来伤痕的铁圈拯救了它。因为从锈蚀的铁圈里吸收了大量铁份，所以榆树才对真菌产生了特殊的免疫力。这是一个真实的故事，发生在20世纪50年代美国的一个农场，这棵树至今仍生长在那个农场里，充满生机和活力。

其实不仅是树，人也是如此。记得网络上曾流行过一句很有哲理的话：人生就像心电图，起起伏伏才正常，如果都是一样平直，那人就挂掉了。是的，谁的人生都不会是一帆风顺、波平浪静的，总要经历艰难坎坷，雨雪风霜，这才是有滋有味的人生。人无远虑，必有近忧，名人如此，普通人也一样。在漫漫人生旅途中，我们每个人也许都会经受各种各样的伤害，如果听之任之，那我们会坐以待毙，束手就擒，最终一无所成；但如果将这些伤害转变成生命的一道养料，它可以让生命变得更刚毅，更坚强，更充满生机、活力和希望。同时也让伤害成为一个警醒，让我们及时从迷惑的蛛网中解脱出来。

孩子，不知你看了故事会有何感想？虽然不知道你具体经历了一些什么，但是从你的信件来看，你一定是个十分敏感多疑，容易受伤的孩子，也许很不愿意交朋友，或者说不愿意把自己的伤痛向别人倾诉，很多事都压抑在自己的内心深处，独自去品味、咀嚼，你说怎么会不累不伤呢？关注自己的感受是好的，但任何事物都不能过度，因此我建议你多交朋友，多读好书，多参加集体活动，学会适当转移注意力，遇到困难和挫折要多和家长、老师、朋友交流，得到他们的帮助和支持，千万不要自寻烦恼，自怨自艾，自暴自弃，甚至自己伤害自己。

最后，很感谢你在如此伤心无助到宁愿自伤的时候，还能想起我，信任我，这样一来，你不仅在自己的文字倾诉中得到一种正面合理的宣泄，还在试着勇敢地面对自己。我相信，不久的将来，你就可以超越昨天的伤痛，为自己撑开自我呵护的小伞，迎着阳光和风雨快乐健康地成长。

发表于《学生新报》2015年第10期

谨防当上“小孔雀”

朱老师：

我想请您帮我解决一个一直困扰我的心病。我是个很听话的五年级女生，但从上幼儿园开始，就喜欢和别人攀比，买水彩笔要最大盒的，别人有的玩具我也一定要有，爸爸妈妈一旦不能满足，我就哭闹发脾气。在学习上，我也爱争强好胜，一旦考试没考好，就很难受。班里参加文艺演出排练节目，我总想当主角，否则就要情绪低落很长时间。参加各种活动，如果其他同学表现比我好，也会失落地哭泣。我也知道这样不好，但不知怎样改变，想请老师为我出出主意。

刘　丽

刘丽同学：

你好！

很高兴接到你的求助，从你描述的情况看，似乎患上了我们常说的“孔雀心理”。我们云南有句俗话“孔雀开屏，自作多情”，就是说孔雀开屏时，总喜欢尽情夸耀它那华美的长羽毛，尽管这是一个很华美壮观的景象，但多少也有爱炫耀又霸道的感觉。一个人如果在待人接物时出现“孔雀心理”，就容易处处争强好胜，时时惦着出人头地，生怕自己某些方面落在别人后面或技不如人而盲目攀比，又因为过于孤芳自赏、自高自大而受不得一点点委屈，出现极易受挫的“蛋壳心理”。时间长了，会导致心理失衡，影响身心健康，给自己带来各种疾患。

“孔雀心理”其实也是一种膨胀的虚荣心。虚荣心理是指一个人借用外在的、表面的或他人的荣光来弥补自己内在的、实质的不足，以赢得别人和社会的注意与尊重，是一种很复杂的心理现象。由于孩子自我认识能力差，很难客观评价自己，而许多孩子又是在夸奖甚至夸耀中长大，往往会把注意力过多集中在自己的优点上，以为自己什么都比别人强，这种现象如果不能加以正确引导，会造成不良的影响，甚至会形成自私、虚伪乃至自恋的性格特征，给以后的生活留下阴影。

那么要如何才能摆脱这令人讨厌的“孔雀心理”呢？依我看不妨参考以下几条。

首先要认识到虚荣心带来的危害。虚荣心强的人，希望处处受人尊重，不甘落后，为了达到目的，在思想上会不自觉地渗入自私、虚伪、欺诈等因素，这与谦虚谨慎、光明磊落、不图虚名等美德是形成鲜明对照的。如果能认识到这点，就可以很好地分清真善美和假丑恶，能客观地对待荣辱得失，逐步形成正确的是非观、人生观和价值观。

其次要找准定位，不过分苛求自己，懂得选择，学会放弃。有人把自己想得完美无缺，把自己未来的奋斗目标定得太高，非能力所及，一旦达不到，就终日抑郁不得志，这无异于自寻烦恼；有人做事要求十全十美，对自己近乎吹毛求疵，往往因小瑕而自责，结果受害者还是自己。要知道不是每一个人都会成为姚明、刘翔，或是李宇春、小燕子，你就是你，平凡的你，独特的你，珍惜自己拥有的，追求自己喜欢的，放弃自己所不具备的，你就会是最幸福的人，因此找准自己的定位最最重要。

再次是多找同伴，少寻对手。有些同学心理不平衡，完全是因为处处与人竞争，时刻把别人放在自己的对立面上，这样做的结果是常常迫使自己处于紧张状态。其实同学之间相处应该心态平和，要允许别人超过自己，学会变“对手”为“帮手”，提倡相互帮助，以和为贵。每个人头上都有自己的一片天空，你不一定要和别人攀比，你这方面不如别人，但其他方面你超过了他，这也是值得欣喜的。

还有就是要增强心理弹性，学会宽容。没有谁会是永远的赢家，我们每个人都会遇到各种各样的挫折和失败，如果我们能够做到胜不骄败不馁，坦然面对，就会增强自己的自信心，避免给自己添许多麻烦和烦恼，少些欲望，多些宽容和满足，我们的生活就会时时充满阳光，胸襟之间时时清风荡漾。

发表于《学生新报》2011 年第 5 期

莫让虚荣害自己

现在的孩子都喜欢家长、老师表扬自己，受了表扬，眉飞色舞，兴高采烈，而受到批评，则闷闷不乐，一蹶不振。这是一个值得大家注意的心理现象。不错，好孩子是夸出来的，每个孩子都渴望得到他人的认可，“赏识引向成功，抱怨导致失败”，对一些缺乏自信的同学来说，赏识是一种理解，更是一种激励，通过赏识教育，尊重孩子、相信孩子、鼓励孩子，可以帮助同学们扬长避短，克服自卑、懦弱心理，树立自信心，让大家在“我能行”“我是好孩子”的感觉中积极向上，走向成功。

但赏识不可能解决一切问题，赏识也并非教育的唯一途径。在提倡表扬、奖励、赏识的同时，也一定要注意分寸，虚假的表扬不要，廉价的赏识更不足取。如果使用不当，它也许会变成学生成长过程中的“温柔杀手”，一旦受到委屈或批评，便会使很多孩子难以接受挫折和失败的考验，出现自卑、伤感、孤僻、焦虑、抑郁等不良心绪，对孩子的成长反而不好。

其实这都是虚荣心在作怪。从心理学角度来说，虚荣心是一种被扭曲了的自尊心。孩子的虚荣心一强，各种毛病就会表现出来，最容易表现在以下现象：1. 对自己的能力、水平估计过高，常常在别人面前炫耀自己的特长和成绩。听到表扬就得意非凡，而对于批评则不以为然、拒不接受。2. 常在同学和伙伴面前夸耀自己父母的地位或者家境的富足，以突显出自己的优越感。3. 不懂装懂，喜欢班门弄斧，自以为是，如果别人指出了他的错误，就恼羞成怒，甚至走向极端。4. 讲阔气赶时髦，特别注重穿着打扮。5. 对别人的才能从不称赞，反而鸡蛋里挑骨头，说长道短，搬弄是非。

事实上，孩子有虚荣心，是心理发育过程中的正常现象，引导好了，虚荣心可以转化为进取心，帮助孩子积极进取。如果不加重视，任其发展，虚荣心将成为孩子成长中的绊脚石，孩子长大后很可能喜欢弄虚作假，沽名钓誉。因此，孩子们要想健康快乐成长，就要学会对自己的优点和缺点有一个客观的认识，既不要过高地估计自己，也不要无视自己的短处。

作为家长和老师，在赏识教育的过程中，也应注意：第一要实事求是。既不滥用赏识，又不吝啬赏识，夸奖要适度，对学生的良好表现，要根据不同情况，给予恰如其分的鼓励，不能事不分大小，都做过度的夸奖。因为不切实际的过度夸奖，容易助长学生的虚荣心，效果适得其反。第二要全面对待。在赏识教育中，并不排斥批评。我们既要充分发掘学生的“闪光点”，也要根据实际适时适度地指出其“美中不足”，促使学生学会明辨是非，分清荣辱。只是赏识和批评的侧重点不能倒置，赏识要讲究方法，批评应考虑艺术。这样，才能使学生既能及时得到鼓励，又能知道自己行为的缺点，更有利于良好行为习惯的培养。

发表于《学生新报》2010 年第 7 期

巧妙应对流言蜚语

“

朱老师，最近我们班有些同学总喜欢拿别人开玩笑。我和同桌关系不错，经常在学习上相互帮助，同学们就笑话我们是“天生一对儿”，闹得我爸妈整天紧张兮兮地担心我早恋。后来只要有男生和女生多说几句话，有些同学就会乱起哄，害得我们再也不敢和男同学轻易来往。老师，您说我们该怎么办？

一群单纯的小女生

”

各位同学：

大家好！

很理解你们此时的心情，因为我上学时也遇到过同样的流言蜚语，害得我和同桌女生都不敢讲话，给我们当年造成不小的伤害。流言蜚语，原指没有根据的话，现在多指在别人背后散布的诬蔑、中伤的说法。它的特点是制造谣言，发起事端，攻击他人，以满足自己的虚荣心或报复心理，会给同学们的学习、生活、友谊带来阻力和灾难，严重的还会发生悲剧。这里我教给你们一些应对的方法。

首先是不要着急，要善于克制自己的情绪。当听到有关自己的流言蜚语时，你一定不要怒极攻心，气急败坏地马上采取行动，或者是急于争辩，应该等心里的风暴过去后，再理智地做下一步的打算。面对流言蜚语的传播者，如果你一时说不清真相，不妨先回避一下，不予理会，谣言很快就会平息下来，不攻自破。否则，你越急着争辩，就越容易被谣言所伤害。请注意，冲动是魔鬼，脾气来了，福气也就不在了。

其次是注意自我检查，并认真分析，及早消除隐患。俗话说：“人怕出名猪怕壮”，“木秀于林，风必摧之；行出于众，人必非之”。有人的地方就肯定有是非。面对流言蜚语，我们不妨静下心来反思一下自己，是不是有哪些方面做得不好？是不是你们平常交往当中的言谈举止给别人造成了不好的影响？如果有做错的地方就要及时加以纠正，不要因为自己的失误引起别人的不快或是愤恨。同时还要认真地分析那些流言蜚语是出于何种动机，如果是嫉妒羡慕恨，就微笑应对，淡然处之，原谅他们的无知和幼稚；如果是无中生有，恶语中伤，就要有所防范了；而对那些肆无忌惮、丧心病狂，影响到身心健康和名誉伤害的，必要时可以拿起法律武器保护自己。

最后要宽容豁达，让自己变得更好。“谣言止于智者”，对于那些无关紧要的流言蜚语，要学会不理不睬，不为所动。嘴巴长在别人的身上，别人想说什么你是无法控制的。清者自清，浊者自浊，真的假不了，假的真不了，最重要的是“走自己的路，让别人去说吧！”要知道身正不怕影子歪，否则就是拿别人的错误来惩罚自己。相反让自己变得更好、更优秀，这才是摆脱流言蜚语的最佳方式，这正如同比尔·盖茨所说：“你想要得到别人的尊重吗？拿出你的实力来！”凭实力赢得尊重。要知道活在这个世上没有流言蜚语那是不可能的，主要看你自己的态度，你越是优秀和强大，越是美好和高尚，围绕你的流言蜚语就会越来越少，你的自信心就会越来越强，最终必将“见怪不怪，其怪自败”。

发表于《学生新报》2016 年第 8 期

和懒惰说“拜拜！”

“

朱老师，我小学快毕业了，但成绩不好。每天从学校回家后，总是不想动，作业也懒得做，为此没少和父母起冲突，妈妈甚至骂我是“懒猪”，同学还给我取了个“懒虫”的外号，让我很难堪，想请您帮我治好懒病。

很受伤害的学生：于大川

”

大川同学：

你好！

我理解你现在的感受，也能体会你的难受。懒惰其实也是一种病，是心理上厌倦情绪的本能反应，它反映的是一个人脆弱的意志品质和不求进取的精神状态。但可喜的是你已经有了改变的愿望和决心，这又是我最高兴的。

从本能来讲，人都是趋利避害，好逸恶劳的，巴不得“衣来伸手，饭来张口”，都不愿吃苦耐劳，所以，懒惰是人的本性，是与生俱来人人都有的。但“天上不会掉馅饼”，“天下没有免费的午餐”，春华秋实，春种秋收，没有辛勤的耕耘，哪来丰收的喜悦？因此，智慧的人知道自己要做什么，该怎么做，并且有了行动，所以他们就比较勤快，也容易获得成功；而迷惘的人混混噩噩，麻木不仁，得过且过，最终在懒惰中丧失了机会。

那么如何战胜懒性，使自己成为与懒惰无缘的智慧人、勤快人呢？

克服惰性，首先要树立远大的理想和目标。你不妨问问自己：你最喜欢最向往的东西是什么？怎样才能成为你所期望的人？也许你想成为音乐家、画家或作家，那么想得到就要付出，等你确定了理想目标之后，你会发现生活中有许多事情突然变得有意义起来，你就会静下心来做事，全力以赴，不达目的，誓不罢休，让自己不再毫无目的地懒惰下去了。

克服惰性，就要保持积极乐观、健康向上的情绪。遇到困难挫折时，不要动不动就生气，而应该冷静地查找问题出在哪里，或是自我解脱，或是与别人商量，哪怕争论一番对扫除障碍都有益处，勇敢地把不足变为勤奋的动力。还要学会肯定自己的优点，无论结果如何，都要看到自己努力的一面，这样学习、劳动时就会全身心投入争取最满意的结果。

克服懒惰，还要有人监督、引导。常言道“当局者迷，旁观者清”，懒惰习惯一旦养成并放任自流时，需要有人当头棒喝，监督你、提醒你，让你警醒。建议你最好找一些学习勤奋的人交朋友，和他们多接触，看着他们勤奋努力，你动力会更大，会想赶上和超越他们。这样“近朱者赤，近墨者黑”，久而久之，他们身上的涵养、气度、格局会慢慢熏陶你、浸润你，潜移默化，耳濡目染，你也渐渐地会变得勤奋起来。

克服惰性，要循序渐进，持之以恒，善于自我约束。常言道：一口不能吃成个胖子，但胖子是一口一口吃成的。坏习惯一旦养成就很难改变，需要耐心细致，贵在坚持，既不能操之过急，欲速不达，更不能浅尝辄止，功亏一篑。自己的事情自己做，不要指望别人。想睡懒觉时，应想想有人已经闻鸡起舞；在要放纵时，可看看他人正在悬梁刺股。多一点对自己的约束，成功就多一点机会，明天就多一缕阳光。

至于我能否帮上你，这要看你能否接受我的意见、建议，并能付诸实践，马上行动。最后分享郑板桥临终前留给儿子的几句话与你共勉：“淌自己的汗，吃自己的饭，自己的事情自己干，靠天靠人靠祖宗不是好汉。”

发表于《学生新报》2016 年第 3 期

坚决不做“小变态”

“朱老师，我在学校里经常被同学说成是“小变态”，我该怎么办？”

这是编辑部转来的普洱一个小学生的短信，我与该生联系了很多次，希望了解事情的原委，问问具体的情况，以便对症下药，但遗憾的是一直联系不上，便只能妄加揣测了。

从词的本意来讲，“变态”指事物的情状发生变化，也指在生物个体发育过程中的形态变化，另外还指人的生理、心理有别于常人的不正常状态。我想同学们口中所谓的“变态”应该是指后者，想象得出这句话对该同学的打击是非常大的，有时甚至会摧毁一个人的自尊和自信。

俗话说：“无风不起浪。”同学们经常说你是“小变态”，固然有缺乏尊重的不敬，但你有没有从自身角度考虑一下，在与人相处的过程中是否过分特立独行，或者孤僻乖戾，与别人格格不入而导致了目前的尴尬状况？在这里，我仅就怎样和同学相处谈谈自己的看法，希望对这位同学有所帮助。

中国古训历来就有“独学而无友，则孤陋而寡闻”之说，意思是说，如果学习中缺乏学友之间的交流切磋，就必然会导致知识狭隘，见识短浅。因此重视结交学友，并在讨论与交流中获益匪浅，是古今成功人士的不二法门。所以要改变你在同学心目中的不良印象，有以下几点要值得注意。

一是要学会改变自己，包容同学。不被别人理解或是与人发生矛盾时，要学会首先找找原因，看看自己有没有错的地方，有了就要及时认错、道歉，加以改进，而不是将错就错，一意孤行。同时也要站在对方的角度换位思考，理解、包容别人的缺点和不足，与人为善，要知道“金无足赤，人无完人”。二是要真诚待人，助人为乐。要改变那种自以为是，妄自尊大的自私自利、自我中心作风，多看别人的优点，少盯着别人的不足，别人有了成绩要及时赞美，称赞时要发自内心，对同学不满提出意见时要真诚相待；同学遇到困难时要热心帮助而不是冷漠无情，即使自己无法帮助解决，也不要嘲笑，更不能落井下石，学会尊重、接纳，善于倾听和陪伴也是一种温暖的支持。三是要交几个知心好朋友。要和同龄人建立起一种和谐的伙伴关系，以便大家能分享快乐，分担忧愁。当然交友时一定要选择那种志同道合、品行端正、值得信赖、愿意帮助你的人，遇到困难时他们才会路见不平，拔刀相助，正所谓“患难见真情”，而绝不能是那种酒肉朋友，凭江湖义气拉帮结伙，最终会害人害己。

我想只要你能正视自己的问题和不足并认真加以改进，同时不断地发现别人的优点和长处并向他们学习、靠拢，随着时间的推移，你会用一颗真诚的心去感动和温暖周围的朋友，让他们欣喜地敞开胸怀理解你、接纳你，你将成为一个受人欢迎的人。

发表于《学生新报》2013 年第 1 期

警惕"蛋壳心理"

> 朱老师，我是个独生女，全家人对我倾注了太多的爱，但对我的要求也很高，尤其是妈妈，一旦达不到她的期望值就说些难听的话刺激我，让我很难过，有时我感到太累了，真想一觉睡过去就不要醒来，但又觉到对不起他们。哎！希望您能理解我的苦衷。
>
> 左右为难的英子

英子同学：

你好！

收到信时，恰好看到一篇报道，说的是安徽合肥一个四年级的10岁小女孩不堪忍受学习压力，写下一封遗书，从10楼坠下。遗书的最后，女孩还让家人"送行时，请给我送束花！"读过后，让人心疼。打开网络一查看，让我大吃一惊，类似的"蛋壳宝宝"还有很多，一朵朵鲜花还没开放就已凋零，让人唏嘘不已，感到忧心、痛心、担心。

这类"蛋壳宝宝"，指的是像鸡蛋一样脆弱的孩子，这些孩子都有一种"蛋壳心理"，即一触即破的脆弱心理。他们的普遍特征是在遇到困难和挫折的时候不懂如何接受和克服，不能承受心理打击，软弱无能，孤僻抑郁，偏执狭隘，久而久之就容易造成心理障碍而难以自拔，往往一点小事情也能把他们击垮。

俗话说：自古雄才多磨难，从来纨绔少伟男。挫折，其实是我们成长路上必不可缺的，一个受不了委屈、经不起失败、害怕困难的人，是不可能面对将来激烈的竞争的。所以我建议你要从以下一些方面增加和提升心理抗压能力，学会在逆境和挫折面前保持乐观、自信。

首先要对吃苦耐劳有正确的认识。吃点苦，受点累，不但可以探究知识奥秘，培养创造能力，而且有利于坚强意志和吃苦耐劳精神的形成，所以在生活中要学会自己动手，亲自参加各种社会实践。比如，充分利用节假日时间，到乡村去体验一下农村的生活，学着烧火煮饭、拾柴挑水、喂鸡喂猪等，真切地体验生活的艰辛，“艰难困苦，玉汝于成”，要懂得一个人要学会一样东西，就是要吃苦受累，要面对很多的困难和挑战。

其次要不怕困难，迎难而上，敢于担当。任何事情不可能一蹴而就，都会有一个由易到难、由简单到复杂的过程。因此要排除“怕”的干扰，像《士兵突击》里的许三多一样“不抛弃，不放弃”，敢于放开手脚，不怕碰壁、撞钉子，即使做错了或者失败了，也应该为自己的努力喝彩，鼓励自己勇于实践，敢于去完成有难度的任务，这样的人才最受人尊重和爱戴。当需要帮助时，也要积极争取父母、老师、朋友的帮助，努力找出问题所在，再重新开始。

最后还要有接受失败的心理准备，做到乐观豁达，从容淡定。“宝剑锋从磨砺出，梅花香自苦寒来。”要知道胜败乃兵家常事，经常当第一名是很不现实的，处处争第一，太在乎输赢，更容易经受不了挫折和失败的打击，相反如长江、黄河一样有起有落、能高能低、迂回婉转却矢志不渝地奔向大海才是积极健康的心态。人生的意义在于过程而非结果，凡事只要尽心尽力、问心无愧即可，所以要保持乐观豁达的心态来看待生活中可能发生的一切，并懂得在失败挫折中总结经验，才是最大的收获。

英子，小鸡躲在母鸡的翅膀底下，永远也不会长大；孩子依偎在父母的怀里，永远也不会坚强。所以，朱老师希望你早日振作精神，及早摆脱“蛋壳心理”的困扰，快乐健康、阳光积极地迎接每一天！

发表于《学生新报》2016 年第 4 期

冤冤相报不可取

> 朱老师，我跟班上一个同学有点矛盾，他太欺负人了，我一直想找机会报复他，让他知道我的厉害。但是我知道这是错的，我想问一下，这种报复心理的危害及克服方法都有哪些呢？
>
> 学生：姜文武

文武同学：

你好！

我能理解你的愤怒，学生时代我也遭受过大同学的欺负，一度还发誓拜师习武，要以牙还牙，报仇雪恨。这种在社会交往中以攻击的方式对那些曾给自己带来伤害或不愉快的人发泄不满的情绪就是报复。报复心理的形成往往与家庭抚养方式、学习压力太大、学校管理方式及自我的个性特征等多方面有关。

在学校中，报复是一种极为有害的狭隘情绪，这种情绪潜藏着极大的危险性。一般来说，有报复心理的人心胸狭窄，容易受情绪影响，而且恶劣心境的作用强烈而漫长。有报复心理的人往往对对方怀有“敌意”，因而，报复决不是解决同学间矛盾的最好手段。从一些报复行为的实际后果来看，报复往往会使“冤怨”越结越深，不仅给报复对象造成这样或那样的威胁，影响同学之间的团结友爱，而且也会对自己的心理健康造成不利影响。试想，如果这个世界上每个人都“有仇必报”的话，那么冤冤相报何时了？社会又怎样能够平静安稳？

如果要摒弃报复心理，我认为要从以下几个方面努力。

一是要学会自我约束和克制。在现实生活中，当碰到不顺心的人和事，特别是自己的人格和利益受到侵害，感到痛苦而产生报复心理时，要认真考虑后果，三思而后行。青年人在气头上时，往往不顾后果，有“豁出去”的想法。如果这时候冷静地考虑一下，这样做会有什么结果？当你从报复行为中体会到一时的“解恨”，或给报复对象造成危害时，自己会不会得到对方更大的反报复？会不会受到社会舆论的谴责？会不会触犯刑律？须知欲加害于他人的人，最终多半是害了自己，如果真能这样认真思考，待头脑清醒后就会放弃原来的想法和做法。

二是要学会宽容豁达，乐观向上。人在愤怒时往往会做出有失理性的举动，很少考虑后果。昆明西山有一副对联：“忍一时风平浪静，退一步海阔天空”，就很值得我们思考，其实退一步就是宽容、忍耐和有原则的妥协。比如两个人为一点鸡毛蒜皮的小事发生了冲突，如果有一个人能主动退让一步，就不至于让冲突升级，当两个人都平静下来以后，就会觉得这个事根本就犯不上争吵。郑板桥的“难得糊涂”，韩信的“胯下之辱”都是宽容、忍让的经典故事，“大丈夫能屈能伸，龙门要跳，狗洞要钻”，告诉我们的也是这个道理。

三是要努力陶冶性情，强化自我道德修养。思想观念决定行为方法，一个人思想道德水平的层次提高了，即使遇到了不顺心的事也能泰然处之。在和同学们的交往中，不要以小心眼对小气量，要理解尊重别人，宽宏大量，以诚相待，能让人处且让人；不要以凉对冷“雪上加霜”。要满腔热情，讲友谊和信任；对于同学们的批评，不要以其人之道还治其人之身，要理智地进行处理；不要袒护自己的缺点，该认错时就认错，诚恳地接受别人的批评，这样才能从根本上解“冤仇”，化“干戈”，让自己在阳光雨露下生活。

发表于《学生新报》2016 年第 10 期

珍爱生命　拒绝暴力

敬爱的朱老师，我是个有正义感的孩子，可最近我发现学校出现了一群“黑社会”，他们经常欺负弱小，有时候我实在看不下去了，也想出来制止，但又怕他们事后报复我，就只能无奈地放弃了。所以我想请您帮我找回信心和勇气。

楚雄双柏学生：李元凯

元凯同学：

你好！

很高兴这是第二次接到你的来信，字里行间充满了真情实感，体现了你的勇敢、正直和纯朴。在这个“事不关己，高高挂起”盛行的年代，面对校园暴力，你却能挺身而出，伸张正义，精神可嘉，令我非常欣喜。

你信中反映的校园暴力问题的确让人忧心如焚，上网一查询，打架斗殴、强索钱财、毁坏物品、争风吃醋等很多极端校园暴力案件使人触目惊心，心痛不已。校园暴力不仅直接伤害了学生的身体，还会严重损害学生的心理健康，有些学生由此产生恐惧心理，难以集中精力学习，学习成绩下降，有的甚至离家出走，不能正常完成学业。此外，校园暴力还让家长人心惶惶，忧心忡忡，对孩子的身心和教育担惊受怕。这些情况应该引起社会和有关部门的高度重视，铲除校园暴力必将成为当务之急。

那作为一个学生，我们应该如何面对校园暴力呢？

首先，要从加强自我思想道德修养做起，树立正气，凝聚正能量。学校暴力事件是一种见不得人、偷偷摸摸的勾当，因此它只能在黑暗中进行。如果我们让阳光普照校园，那么参与暴力者就不敢出现，阳光是什么，阳光就是班级的正气，学校的正气，每个同学都要树立正气，这样才会形成班级的正气，学校的正气。同时要搞好人际关系，强化自我保护意识，慎重择友，多交品德好的朋友，多交益友，不交损友，对已经受到暴力侵害的朋友要多安慰，但不宜鼓动或煽动其找人来报复，以免引起更大的争端。

其次，不要沉迷于网络，远离暴力游戏、暴力性动画片及电视剧。青少年学生正处于发育阶段，心理、生理尚未完全成熟，社会经验少，缺乏对复杂事物的判断能力。一些学生对网络、部分影视作品或书籍中所宣扬的江湖义气、以暴制暴和暴力英雄不能正确认识，以为暴力英雄无所不能，江湖义气可歌可泣，黑帮英雄才是社会的强者。所以他们往往先好奇，再崇拜，然后去模仿而误入歧途。要知道人生活在一个社会里应该是平等的、公正的，相互之间应该是富有同情心和怜悯心的，因此，要懂得珍惜尊重自己和他人的生命。

第三，遭到校园暴力侵害，绝不能逆来顺受或以暴制暴，要增强法制意识。当冲突发生后，要勇敢站出来，在学校、警方或家长的帮助下，用法律武器维护自己的正当权益，制止暴力的再次发生。但与不法行为做斗争时一定要具体情况具体分析，讲策略，运用智慧，尽可能避免正面的直接搏斗，以免引起不必要的伤亡。比如上下学不要走僻静、人少的地方，尽可能结伴而行，按时回家，不要在路上贪玩；穿戴用品尽量低调，不要过于招摇；遇到暴力侵害，必要时尽量满足对方提出的要求，同时一定要记住对方的体貌特征，事后及时报警，或向老师、家长寻求帮助等。

元恺同学，请相信我们是一个法治国家，自古邪不压正，只要家庭、学校和社会齐心合力，齐抓共管，正义终将战胜邪恶，校园暴力这颗毒瘤就一定会被铲除，那些暴力侵害者必将多行不义，自食其果，难逃法网，我们的校园必定会成为孩子们健康成长的乐土！

发表于《学生新报》2016 年第 5 期

远离恐惧　不做胆小鬼

亲爱的老师：

您好！

我是一名小学四年级的学生，最近我经常在黑夜里想起一些恐怖的事。有些时候，我还常常觉得有鬼，虽然我不信有鬼；有些时候，我还以为自己会得绝症或恐怖的病症；有时看到别人说恐怖故事或恐怖片时，我就好奇得无法抵制想看的欲望。

我可能胆小，但我不想做胆小的人，希望老师能帮我解决这个问题。

小学生：果熙源

果熙源同学：

你好！

很高兴接到你的来信，根据你信中描述的情况，应该是小学生中普遍存在的一种恐惧心理。我试着和你解释一下，希望对你有帮助。

恐惧心理是指对某些事物或特殊情境产生比较强烈的害怕情绪。恐惧心理出现时，明明知道没必要，就是不能自我控制，严重时还伴有烦躁不安、焦虑、呼吸急促、心慌、出汗、头昏、浑身无力等不良状况，但当所恐惧的事物或情境不存在时，一切就会恢复正常。

恐惧心理一般有四种情况，一是对动物的恐惧，如害怕虫子、蛇、老鼠等；二是对疾病的恐惧，如害怕得病、打针、吃药，害怕与传染病人接触等；三是对自然的恐惧，如害怕黑夜、打雷、下雨、地震等；四是对社交的恐惧，如害怕见生人，

怕上台讲话，害怕警察等。还有就是对自己想象出来的东西或是未知情况下的预想产生恐惧，如怕强盗、小偷等。

引起恐惧的因素是多方面的，体质多病、天生胆小、敏感、脆弱、多疑，或是熟悉的环境发生了意想不到的变化，奇怪、陌生、可怕的事情突然发生，黑暗、巨响、见到坏人及被其他人的恐惧情绪感染等都容易产生恐惧。

知道了什么是恐惧心理，那么怎样才能有效消除恐惧呢？

首先是认识恐惧心理，看清危害。恐惧其实也是一种防御本能，与生俱来，能提醒人迅速逃离危险境地。正常孩子中90%以上的人都有恐惧心理，只是轻重不同，是每一个孩子都要经历的心理成长过程。一般性的恐惧不会对身心健康构成危害，所以，有了恐惧心理以后，不要有过重的心理负担，而要积极求助，有意识地训练自己的胆量，很快就能恢复正常。

其次要认真分析原因，对症下药。产生恐惧是正常的，小而弱的恐惧不会对同学造成伤害，但如果出现了强烈的刺激就不能置之不理，而要认真分析产生恐惧的原因，寻找解决的办法。比如说要慎重选择影视节目、图书、网络游戏，尽量避免如凶杀、恐怖等乱七八糟的节目，或是看“鬼故事”之类的书籍、玩鬼怪游戏，以免加深对鬼怪的恐惧感。此外还可用系统脱敏法，不断地重复做某一件事，以致对这事产生习惯化的反应，从而降低人的反应性。比如说怕狗、怕黑暗，就在家长的陪伴下，反复接受见到狗或身处黑暗的恐惧刺激物的刺激，逐渐适应这种刺激物，习惯成自然，便不再害怕了。

三是掌握正确、丰富的知识。恐惧的产生大多是因缺乏科学知识而胡思乱想造成的。有位科学家说过，愚笨和不安定产生恐惧，知识和保障却拒绝恐惧。有的学生怕黑，一到夜晚就担心会不会出现妖怪或魔鬼之类，当他知道所谓的妖魔鬼怪之类不过是人们虚构的，他就不会再有这种恐惧的情绪了。

四是转移注意法。这种方法是使注意力从恐惧的对象转移到其他事物上去。例如，每年学校都会集体组织打疫苗，总会有学生惧怕打针，所以，在打针的时候，可以讲一个笑话，或让他考虑一个问题，使该生注意力转移到别的方面，这样，恐惧就会消除。

需要特别指出的是，家长是帮助孩子克服恐惧心理的最重要力量。因此父母一定要在日常生活中多与孩子进行感情交流，切不可轻易嘲弄、吓唬孩子，而应鼓励、支持他们；要防止对孩子溺爱，以免让孩子失去锻炼勇敢精神的机会；父母还要善于控制自己的情绪，不要过分责怪孩子，苛求孩子，也不要拿孩子当出气筒，免得孩子终日心神不定、畏畏缩缩，变得多疑、敏感、恐惧。

总之，只要我们了解了恐惧心理的特点，并能掌握消除恐惧的方法，我们很快就能征服它，战胜它，永远不做“胆小鬼”。

发表于《学生新报》2011 年第 1 期

挣脱“黑暗”的桎梏

“

朱老师，小时候我和奶奶一起住，她常给我讲鬼故事，吓得我不敢入睡。后来长大了爱看恐怖片，更害怕黑暗，晚上不敢一个人待在屋里。同学说我是得了恐怖症，真的吗？

李小颖

”

小颖同学：

你好！

感谢你把心底的秘密告诉我。一般来说恐惧症是对特定的人或事物、场合等的极度恐惧，并伴有心理上和躯体上的严重不适，这需要进行必要的诊断后再下结论，根据你目前的情况，问题应该不大，不要乱贴标签，免得自惊自吓，反受其乱。

其实很多孩子包括我都有过怕黑的经历，这是很正常的。我们害怕的并不是黑暗本身，而是黑暗中的东西或是在黑暗中发生的事，只是由于正处于成长发育阶段，心理比较脆弱，经受不住外界的刺激，加之富于想象而又缺乏生活经验和分辨能力，就总会把黑暗中的模糊事物想象成怪物、妖魔等可怕的情形。有些孩子则由于看了一些恐怖的影视，或者受到他人的恐吓后，特别容易怕黑。但随着年龄的增长，认知水平的提高，怕黑心理会渐渐消除。

针对你目前的问题，我觉得需要在以下几个方面加以注意。

一是调整心态，勇于面对。要相信世界上根本没有鬼呀神呀的，那都是人自己想出来吓唬自己的，所以要保持乐观豁达的心态。可以在睡觉前听轻松的音乐，少看恐怖片之类的电视、电影，平时多加强身体的锻炼。如果躺下睡不着，那也不要在黑暗中胡思乱想，最好能起床看看书，写写日记，做自己喜欢做的事，让自己放轻松。如果真害怕了，就要学会直接面对恐惧。常言道：说明的鬼不害人。要知道心理的问题如果不去面对，想要逃避，就永远不可能解决了。

二是学习采用心理学上的系统脱敏方法。比如说先由亲人陪伴并开灯睡觉，再单独开灯睡，最后一个人关灯睡，循序渐进逐步适应黑暗，摆脱恐惧。或者当你不适应在黑暗的环境中睡觉时，可以使用昏暗的小夜灯，待要入睡时再关掉。也可以选择能够调节光线的灯，慢慢把光线调暗，直到你完全适应黑暗，不再害怕为止。

三是利用图画书来帮助你克服恐惧感。目前已经有许多图画书都是针对孩子怕黑、怕鬼的主题。比如贝贝熊系列中的《怕黑》《森林里的幽灵》，绘本故事《吃掉黑暗的怪兽》《真的不怕黑》《吃黑夜的大象》《怕黑的夜游神》等，这些图画书中的角色，不管是人还是动物，都因为拟人化的表现形式而获得了孩子的认同，孩子很容易进入故事中的情境之中，以轻松的心情来面对所害怕的事物，提高了认知水平，减弱了自己的恐惧感，对大家会很有帮助。

四是要得到父母的帮助支持。孩子怕黑，父母首先要认同孩子，不要一味批评，或者强迫孩子面对黑暗，这往往会加重孩子的恐惧心理。平时给孩子讲故事或看电视时要有一定的选择性，尽量选择那些积极向上、科学合理的。此外，家长还应有意识地通过各种方式锻炼孩子的胆量和毅力，使他们逐步克服害怕心理，变得勇敢、坚强。

希望你经过努力，能早日挣脱“黑暗”的桎梏，变得阳光、自信。

发表于《学生新报》2014 年第 4 期

有点压力又何妨？

> 朱老师，这学期我升入了六年级，可在假期我就已经开始感到紧张、焦虑，家里给我报了小升初补习班（听说要交很多钱），每天千叮咛万嘱咐，让我备受煎熬。现在我感到心理压力好大好大，整天晕乎乎的，生怕明年不能考取好学校，辜负了他们的期望，我该怎么办？
>
> 很不坚强的小强

小强同学：

你好！

看到你的落款，感到很有意思，本来应该坚强的你，现在却对自己缺乏信心，实际上这也是你最近状态的真实写照。你说你压力太大，我能理解，应该说是因为学习成绩不理想、家长过高的期望值、对小升初考试结果的畏惧带来的。有压力到底好不好呢？我们不妨来简要分析一下。

所谓压力，一般指心理压力，也叫作精神压力。心理学把其解释为来源于外界，产生于内心的一种感觉。它无时不有，无处不在，像空气一样弥漫在周围，无时无刻不在挤压着人们。客观地讲，压力本身并不是一件坏事。人都有惰性，偷懒怕事，能拖则拖，可推则推，如果没有压力，恐怕有许多人很难在规定的时限内办好一件事，而有了心理压力就不至于拖拖拉拉。但是，心理压力有一个限度，如果压力过重，超出人的心理承受限度，那就会发生心态失衡，出现心理问题。所以，从某种意义上说，压力是一把双刃剑，它可以让坚强的人奋起，也可以让怯懦的人却步，可以让奋进者成就事业，也可以让畏难者一事无成，需要人们正确对待。

常言道："水无压力不流动，人无压力轻飘飘。"的确如此，试想，如果不是进入小学，你也许还在幼儿园里悠闲自得地游戏，躺在父母身边嘻嘻哈哈地撒娇。同样的，如果不是小升初，你也许还在和同学无拘无束地踢球、上网、聊天。将来你还要面对中考、高考、找工作就业等，这些都将构成你未来生活中不可或缺的现实，需要你勇敢地面对，做出正确的抉择，所以有点压力又何妨，对你们来说我认为也许还是件好事。

其实，从古到今，真正的勇士、强者，都是勇于挑战自我，迎难而上，战胜挫折，最终才成就了一番事业。所以也才留下了"宝剑锋从磨砺出，梅花香自苦寒来"和"不经一番寒彻骨，哪得梅花扑鼻香"的古训。不是吗？司马迁遭受腐刑，忍辱负重写出了《史记》；韩信受胯下之辱，不为所动，终成大器；贝多芬身材矮小，容貌丑陋，耳朵失聪，但却"扼住命运的咽喉"，成为享誉世界的作曲家。这样的例子不胜枚举，就连孟子也总结说：上天将要把重大使命降落到某人身上，一定要先使他的意志受到考验，使他的筋骨受到劳累，使他的身体忍饥挨饿，使他备受穷困之苦，做事总是不能顺利，这样来磨炼他的心志，坚韧他的性情，增长他的才能。由此可见，任何成功都不可能一蹴而就，都需要经历艰难困苦，挫折烦恼。要知道压力会产生动力，压力会激发潜力，会让我们慢慢地成人、成才、成功。

至于怎样才能克服心理压力，及早走出心灵困境，请容我下次再和你交流。

发表于《学生新报》2013 年第 7 期

有了压力不用慌

小强同学：

你好！

前一次我和你谈了关于如何看待压力的问题，想必你也会有自己的看法。的确，心理学家比喻："压力就像一根小提琴上的弦，没有压力，就不会产生音乐；但琴弦绷得太紧，就会断掉。所以我们必须将压力控制在适当水平，使压力强度能够与你的生活相协调。"那么有了过重的心理压力，怎样才能克服呢？

我认为首先你要找到压力源，简单点说就是找到目前最让你担心、害怕的是什么人或事。要知道"解铃还须系铃人"，只有找准了问题，才能有效地解决，问题有一百个，但解决问题的方法绝对有一百零一个。就你目前的情况而言，是爸爸妈妈对你的要求太高？还是你对自己的自信心不足？是学习基础差？还是学习方法有问题？……

只要抓住了问题的主干，就能找到有效的解决办法，缓解压力和烦恼。

要学会量力而行，适当降低自己的期望值。对父母来说，他们总希望自己的孩子成龙成凤，所以会不切实际地对你有过高的要求。其实，标准定得越高，所受的压力就越大，往往这种标准就像一座大山压得人透不过气，结果会适得其反。因此，要懂得量力而为，顺其自然，根据自己的能力，能做到什么程度就到什么程度。求之不得的东西要学会放弃它，懂得选择、放弃也是一种生活的艺术。通过努力能达到的才叫理想，通过努力仍然不能达到的那就叫妄想，会让自己很痛苦的。

要学会管理自己的情绪，保持良好的心境。当我们感到压力太大时，可以离开当时的环境和现场，适当转移注意力；当苦恼不堪或烦恼不安时，可以欣赏音乐、唱唱自己喜欢的歌，用优美的乐曲帮你排解烦恼和苦闷；当我们悲伤时，就干脆痛哭一场，让泪水尽情地流出来，释放、宣泄心中的不快；当受了委屈，一时想不通时，千万不要一个人生闷气，应当主动向朋友、同学或亲友倾诉，争取别人的原谅、同情与帮助；当妒火中烧时，要变换自己的角度，进行有意识的控制，增强个人修养；当思虑过度时，应立即去户外进行体育活动、散步、消遣、呼吸大自然那新鲜的空气，或者做自己喜欢的事情，丰富多彩的闲暇活动可以使挫折感转移方向，扩大思路，使内心产生一种向上的激情，从而增强自信心。

此外还要学会有规律地生活，学会时间管理的一些策略，做到忙里偷闲，忙而不乱，科学、合理地安排时间。养成良好的睡眠习惯，该休息的时候就休息。协调好人际关系，接纳、信任别人，与人为善，构建良好的社会支持系统。

总之，缓解心理压力的方式方法很多，就看你如何选择并合理地运用。记住：适合自己的才是最好的，有效果比有道理管用。同时祝愿你变压力为动力，早日走出心灵的困境。

发表于《学生新报》2013 年第 8 期

和“磨蹭”说再见

> 朱老师，我最近感觉不想做事，即使做也要拖到最后，效果也不好。妈妈老拿这说事，数落我“磨蹭”“有病”，我也觉得不妥，但又不知怎样做才好，我真的有病吗？
>
> 刘同学

小刘同学：

你好！

最近很多家长、同学也来信诉说受到这类问题的困扰，虽说不能下结论贴标签说就是有病，但还是要引起注意。

磨蹭，又称为拖沓，往往表现为行动迟缓，做事拖拉，为了不想去做某事，而故意拖延、消磨时间。当下，你们学习压力越来越大，积极、主动地应对，保持健康、自信的态度，方是上策。然而，有些人遇事总抱磨蹭心理，做起事来也很拖沓，如果长期这样下去，就会给人带来一定的心理负担，严重的甚至会变成心理疾病，出现医学上所说的“拖延症”，那就需要寻求专业治疗了，所以还是大意不得。

常言道：“解铃还须系铃人。”要想痛下决心，告别磨蹭，我认为还是要从自己身上入手，坦然面对，不要为自己的失误找借口，树立积极乐观、勇于改正的心态，明确哪些是亟待解决的，并及时付诸行动，以便针对问题，有的放矢。之后就可以在父母、老师的支持、帮助、监督之下，从学习、生活习惯入手，采用行为矫正的方式进行。比如说，制定一个计划表并规定奖惩措施，采用一分钟专项训练法，训练自己专心做题、阅读、书写的能力，这样既可提高学习的速度与效率，又能让自己体会到原来一分钟可以做很多事情，提醒自己要学会珍惜时间。训练时以一分钟为一组，每天练习三至五组，以一个星期为宜，训练时请父母帮忙注意记录每次的情况，并进行对比，逐步练习，慢慢改进。此外，还可通过对吃饭、穿衣、闲聊、看电视、玩电脑等生活习惯的养成训练，增强自我控制能力，学会惜时如金、事半功倍。

在此过程中，家长最好能不失时机地表扬鼓励孩子，不断发现孩子的闪光点，并及时与孩子进行沟通交流，了解孩子的心理动态，营造一个和谐、民主、学习的家庭气氛，用耐心、爱心帮助孩子逐步改正。交流的时候，家长一定不能泛泛而谈，小题大做，没完没了地唠叨指责，要学会站在孩子的角度，从孩子的心理出发，做孩子真实的听众、知心人。平时训练中，家长还可以讲一些趣味性强的故事，做点有趣的游戏，逐渐让孩子把学习看成一种乐趣、享受，而不是一种负担、累赘，在无形之中潜移默化训练孩子的注意力，从而让孩子由被动变成主动，从“逼我学”变成“我要学”。

小刘同学，发现问题固然着急，但发现不了问题才更让人心焦。你既然已经了解了磨蹭的危害与后果，就要学会正视现实，及早改进，相信在家长、老师们的帮助、支持和引导下，你一定能够从现在做起，从身边的小事做起，与拖沓告别，坚决不做“小磨蹭”。

发表于《学生新报》2014 年第 1 期

磨蹭是一种慢性病

“

朱老师，我做作业时老坐不住，爱磨蹭。为此常被妈妈责骂，说我是猴精，有人还说我是多动症，让家里带我看心理医生，您说我该怎么办？

喜欢你的小松

”

可爱的小松：

你好！

其实，做作业磨蹭是多数小学生的通病。一些爱磨蹭的孩子告诉我：“我们也不想磨蹭，但是每次做作业没几分钟，就觉得学习时间太漫长了，就想玩一玩；有时早早做完，妈妈又要安排些家庭作业，烦死了，到最后一点玩的时间都没有。”结果时间花了不少，但作业却没做多少。

在我看来，造成这样的原因主要有三个：一是父母平时没有注意对孩子专注力的培养，使得孩子难以长时间把精力集中在一件事情上。二是孩子的学习兴趣低落，把学习当作是一种任务，逐渐养成了应付了事的态度。三是家长过高的期望值剥夺了孩子的休息时间，以至于孩子用磨蹭的方式来发泄内心的不满。

要知道磨蹭是一种慢性病，一旦养成了这样的坏毛病，今后要改起来就太难了，对此我的建议如下。

首先，家长自己要给孩子树立学习的榜样，家长做任何事情就不能磨蹭，做到“言必行、行必果”。要求孩子做到的，自己首先就要做到，尤其是要让孩子看到家长是如何高效率地完成一些事情的，比如做饭、打扫卫生、工作等，这样对孩子才有说服力，才能“说得像，不敢犟”。

其次，要多鼓励，少批评。鼓励是一剂良药，会增强孩子的学习动力，多用“你要是在 30 分钟做完的话，我就允许你今晚多玩 10 分钟的电脑”等诸如此类的话来吸引孩子的注意力。但要注意的是，一旦答应了，就一定要做到，千万别失信孩子。相反如果家长经常批评孩子，只要看到孩子磨蹭不学习就生气、唠叨，或者批评、威胁，孩子会感到委屈、沮丧，觉得大人不理解自己，慢慢地会对学习失去兴趣。

当然，最有效的措施就是想办法提高孩子对学习的兴趣。比如说，可将孩子做作业的时间划分为几个小段，让孩子在 10 分钟之内完成规定的作业，做完后休息两分钟再继续完成。别看只休息两分钟，但孩子会觉得只做了一小会儿作业就可以休息，真是太棒了，再开始做作业也会精神百倍，慢慢地，家长再把时间段加长。再比如，在孩子做作业之前，家长可以和孩子约定比赛，在规定时间之内，家长必须完成某件事情，孩子也必须做完作业，看谁完成得又快又好。一般来说，孩子对于游戏和比赛的方式都会比较感兴趣，也容易接受。

总之，不管是老师还是家长，在教育孩子的时候，尽量多试着站在孩子的角度换位思考和体验，尽量做到劳逸结合，张弛有度，时间一长，孩子磨蹭的习惯也许慢慢就可改变了。

小松，你觉得呢？

发表于《学生新报》2014 年第 10 期

要“早练”而不“早恋”

“

朱老师，我是一个六年级的女孩，妈妈说已进入了青春期，最近遇到了一些烦恼的事。我喜欢和班上的一个男孩来往，他阳光帅气，学习很好，经常帮助我，可同学们却对我们挤眉弄眼，母亲也悄悄偷看我的日记，老师也在班上含沙射影地数落我们“早恋”，我们没做什么呀！难道男女之间就真没友谊吗？

信赖你的小丽

”

小丽同学：

你好！

首先要感谢你的信任，能把心底的秘密告诉我，其次我要祝贺你进入了青春期。青春期是一个快乐的时期，也是个烦恼的时期，是青少年身心变化最为迅速而明显的时期，身体、外貌、人际交往与复杂情绪的变化，会使你们产生困扰、不安、焦虑等心理问题。这是正常现象，尤其是像你所说的男女之间的交往就更容易引人关注。

儿童期的男孩女孩，喜欢跟父母在一起玩耍，进入青春期后，会渐渐地从家庭中游离，更多地与同伴一起交流、活动，结交志趣相投的同学为知心朋友，无话不谈，形影不离，视友谊为至高无上，甚至为朋友两肋插刀在所不惜。同时，比较注意自己形象，特别是异性同学对自己的评价，也尝试与异性交往，只是在交往中一方面渴望接近对方，另一方面又很害怕别人发现，结果，交往过程神神秘秘，羞羞答答，反而显得别扭。其实，这并不是真正意义上的恋爱，只是彼此有共同的语言，喜欢一起交流和彼此欣赏。但是，由于表现的别样，成为同学们的谈资，一经老师、家长的夸大处理便成为有色新闻，从而引发严重的心理负担，直接影响到学习和生活，这也就是你目前的苦恼。

其实，大可不必如此谈虎变色，成人也更不要为孩子成长过程中纯真的友谊贴上“早恋”的标签。工作繁忙的成年人需要娱乐休闲，学习紧张的孩子们更需要愉悦心情。同龄的伙伴在一起谈天说地，一道上学回家，参加同学的生日“party”等，最好的感觉就是“开心，痛快”。如果这些活动有异性参与，那就大大增强了娱乐的效果，会格外兴奋。“男女搭配，干活不累”就是这个道理。在异性交往中，孩子们心旷神怡，学习上的压力减轻了，神经放松了，身心健康、精神饱满地投入学习与生活，这是他们的需求，也是他们的权利，千万不要神经过敏，紧张兮兮。其实，世界上有许多高雅而健美的文体活动都是为两个性别共同参与而设计的：交谊舞、双人舞、男女声二重唱、男女乒乓球混合双打、男女花样滑冰等，难道不是给人一种格外清新的美感享受吗？

当然，父母和老师的担心也是必要的。青少年时期是容易产生烦恼情绪和心理失衡的阶段。既有来自生理与身体变化的不适之感，又有因功课压力、成绩波动、人际关系和家庭气氛而带来的烦恼。烦恼中的少男少女，渴望心理救助和情感支持。此时，父母往往忽视孩子的情绪变化和心理烦恼，难以走进孩子的心扉；老师则多半关注学生的学习和一般行为表现，不易深入解读到每个孩子的心理变化。因此，家长和老师更应该转变观念和态度，从封杀、堵截到疏导、关心，并与孩子坦诚地讨论。比如说帮助孩子们学习关于青春期发育的知识，懂得自己和异性的生理、身体和心理变化是怎么回事，这样可以减少不必要的好奇心和神秘感。其次，鼓励他们尽量参加有异性在场的文体活动，如唱歌、跳舞、滑冰、课余兴趣小组活动、生日聚会等。这样就有助于滋养心性，满足亲近异性的向往，减轻由生理发育自然产生的性压力、性冲动，在集体场合就不容易发生“出圈”的事。此外，在与异性交往中要自尊自重，并尊重别人；言谈举止要大方、礼貌、文明，符合自己的学生身份，不说粗话，不起哄，不要给别人起绰号，不开不雅的玩笑，在未成年、不成熟、无经验的情况下，要避免与异性单独约会，等等。

总之，青春期的少男少女，喜欢和异性同学交往，十分正常。建议同学们多选择集体交往，从中了解异性的特点，学习交往的礼仪、分寸、风度、技巧，尝试与不同风格的异性做朋友，学习理解、接纳、尊重、平等，这正是帮助同学们训练人际交往能力，特别是与异性交往的能力的好机会，把“早恋”变成“早练”，何乐而不为之呢？

发表于《学生新报》2012 年第 9 期

初恋时我们不懂爱情

亲爱的老师：

您好！

我想问您几个问题，请帮我分析一下，谢谢！曾经有一个男生喜欢我，喜欢了2年，确切地说，应该是暗恋。后来他跟我告白了，我告诉他，等到初三毕业你还喜欢我，那我就跟你在一起，他真的同意了，他说，爱我那么久了，他不会放弃。我感觉那时候的我们什么都不懂，但是过了好久，不是初三毕业，我同意和他交往了。但是我感觉我和他好了以后，他不喜欢我了，也不找我聊天，后来我也就和他分手了。但现在，我是这种想的：当初我伤他那么那么深，我很愧对他，现在我想跟他好，但又不好意思跟他说，我想和他一起在一辈子。因为我觉得他才是我应该去珍惜的人。但他和其他女生比较玩得来，以前他不是这样的，他不会跟其他女生玩的。

我想问老师：我这算是爱吗？我这种思想是什么？他还喜欢我吗？

同学：

你好！

谢谢你把心底里的小秘密告诉我，你现在遇到的烦恼其实很多同龄伙伴都遇到过，这是青春期人际交往，尤其是异性交往中的一个普遍问题，所以很正常，不足为奇。青春期是一个快乐的时期，也是个烦恼的时期，是青少年身心变化最为迅速而明显的时期，身体、外貌、人际交往与复杂情绪的变化，会使你们产生困扰、不安、焦虑等心理问题，但有了问题以后怎样面对的确需要我们冷静地思考，理智地看待。

是鲜花总要开放，更何况正处于花季少年的你们，在万物复苏的新春季节，在阳光雨露的滋润下，爱情的幼苗潜滋暗长、偷偷发芽是一件再正常不过的事。歌德不是曾说过：“青年男子谁个不善钟情？妙龄女人谁个不善怀春？这是我们人性中

的至神至圣。”所以拥有美好纯洁的初恋是一件令人欣喜的事。但有时候它也是一把双刃剑，尤其是在不该来的时候到来，或者是处理不好的时候，既会伤人，也会伤己。

从你现在的情况来看，不正处于这种甜蜜烦恼的纠结中吗？首先有人暗恋你，并能向你大胆表白，表示“爱你那么久，他不会放弃”。这说明你有自己的过人之处，某些方面很优秀，能得到别人的欣赏、喜爱，这可以进一步增强你的自信。同时你也能理智地处理，希望等初三毕业以后再交往，并没有全身心地付出，感觉得出你还是很有自制力的，这对很多初尝爱果的少男少女难能可贵。

我感觉你们的问题应该是出在彼此相处的过程中。真正的爱情不是吃吃喝喝、打打闹闹，而是一种心灵间的投合默契，是一种相互间的体贴、关怀和帮助，需要双方共同的呵护和坚守。就学生时代而言，由于生理心理还不成熟，缺乏独立性，所以更多的是体现在关心对方的学习，培养共同的情趣、爱好，陶冶思想情操，树立远大的理想等方面。如果大家都能统一思想，调整步伐，朝着自己的既定目标去努力、奋发，就会产生动力、激情，把心思集中在学习上，不至于整天局限于卿卿我我、花前月下的狭小私密空间，因为一丁点鸡毛蒜皮的小事斤斤计较，自寻烦恼。所以你要思考彼此的价值观、人生观、世界观、爱情观等是否合拍，尽量求大同存小异，如果彼此间大相径庭甚至背道而驰，那随着岁月的流逝，激情燃过之后就会慢慢冷却下来，出现裂痕。

再者，爱情尽管是自私的、排他的，但并不意味着占有和控制。你们各自都是相对自由的人，在保持亲密关系的时候，也要允许有自己独立的私密空间，也要有友情、亲情等正常的人际交往。那种相爱以后就非我莫属，不允许和其他人往来，会有意无意束缚了他人的自由，时间一长肯定会有矛盾。所以你有时也要站在对方的角度想一下，学会换位思考。如果他觉得和你在一起不自由，不想聊天甚至无话可说，更愿意和其他人往来，你也要学会从自己身上找找原因，想想为什么会是这样？必要时大家开诚布公地讨论一下，找出问题的症结，有则改之，无则加勉，千万不要打肚皮官司。如果他明确表达真是不喜欢你，也要学会友好地分手，千万不要弄得不成恋人成仇人，甚至走极端。东方不亮西方亮，黑了北方有南方，今后你们各自都还有很长的路要走，不必要因为初恋时不懂爱情的盲目和冲动弄得耿耿于怀，心存嫉恨。

至于他还喜不喜欢你的问题，我想解铃还须系铃人，我们无从知道，“不识庐山真面目，只缘身在此山中”，还是相信你自己的判断吧！

不知我这样的回答能否让你满意？

让“小胖墩”不再烦恼

走进学校、班级，常常看到很多“小胖墩”，他们圆圆的脸蛋、胖乎乎的身材给人一种很富态、很可爱的感觉，可每当进行体育活动的时候，他们那笨拙的姿态又常常会惹得很多同学嬉笑不止，有的还给他们取一些“大熊猫”“矮冬瓜”等难听的雅号，使得这些同学很难堪，时间长了还会给他们造成不应有的心理问题，怎么办呢？

首先要了解肥胖的危害。也许在一些家庭里还有“胖就是健康”“胖就是强壮”的思想意识，很多老人认为胖胖圆圆是有福气的表现，但如果超出了正常的体重导致儿童肥胖症，那就会给孩子带来很大的危害。身体方面：由于体重增加，大量脂肪沉积，氧气供应不足，会导致身体笨重，行动迟缓，活动和抗病能力差，易患呼吸道感染，常常会无精打采，容易疲劳、嗜睡，精神不易集中，成绩下降，智力落后。心理方面：由于皮下脂肪过多，给人以“臃肿、疲软、懒散、笨拙”等印象，影响体型美，常成为被嘲笑和取绰号的对象，上体育课也不太积极，容易孤僻、抑郁，产生自卑感和精神压力，久而久之会形成不愿与人交往的“自闭症”。

其次要了解导致肥胖的原因。肥胖主要是由于饮食、生活习惯不好、缺少运动造成的。比如爱吃油腻、油炸、方便食品和甜食，食欲好、进食速度快、爱长时间看电视、睡眠时间短、爱坐着、活动量少而导致的营养过剩。特别是城市学生因活动空间少，运动量减少，能量消耗少，老人、父母过分溺爱，更容易造成脂肪堆积而肥胖。

当然最重要的是怎样预防和远离肥胖。

一、家长、学生都要认识到肥胖对身体的危害程度，认识到肥胖不是壮实，更不是越胖越健康，同时要了解肥胖产生的原因及减肥方法，提高预防肥胖的知识和能力。

二、培养良好的饮食习惯。进食量适中，不过饱，多吃水果、蔬菜，少吃糖果、点心等甜食，少吃油腻食物、零食，多吃谷类、粗粮和杂粮及含纤维素多的食物，保证鱼、肉、蛋、奶、豆类等高能量食物的摄入以供给充足的热能，不挑食，不偏食，吃饭要细嚼慢咽，防止狼吞虎咽，囫囵吞枣。

三、合理安排作息，积极参加体育活动。睡眠时间不要过多，饭后不要马上睡觉、看书、看电视，白天不要长时间地睡觉和久坐不动，晚饭后适量运动，周末、假期不要过分休息，要尽量增加户外运动，如爬山、游泳、跑步等，做一些力所能及的劳动，多参加集体活动，消耗体内多余的热量，既可增强体质，提高身体抵抗力，又能减轻体重。

四、如果已发胖，千万不要强行采取饥饿疗法或减肥药物来降低体重，这样会影响你的正常发育甚至发生厌食症，要勇于面对，努力克服自卑心理，积极主动地进行减肥，并且坚持到底。

如果你能未雨绸缪，及早预防，平衡饮食，坚持锻炼，相信你一定能及早走出“小胖墩”的困扰，健康快乐地投入到火热的学生生活中。

发表于《学生新报》2010 年第 2 期

如何度过一个有意义的暑假？

一年一度的暑假又开始了，60天左右的假期，那可是同学们梦寐以求的美事，说不定还未到正式放假的时刻，大家就已经在盘算假期的安排了。可要怎样才能度过一个丰富多彩、新颖别致、真正属于自己的假期呢？我的建议是合理计划、劳逸结合、培养特长，做到玩得开心，学得快乐，充实有趣。

首先是合理计划。很多同学对假期生活缺乏计划性，有些同学早早在假期的前几天匆匆把所有的假期作业全部完成，而在假期的大多数时间里终日无所事事；有的同学觉得假期属于自己，自己愿意怎么安排就怎么安排，结果是一觉就睡到中午，一玩就一天不归，一看电视就到半夜，一上网就不分昼夜，只是到了开学头几天才想起了作业，才在父母的催促下急急忙忙赶作业，草草应付一下，假期就这么浑浑噩噩地过去了。而同学们如果在老师、家长的指导下制定一个科学、合理的假日学习生活计划，科学安排闲暇时间，每天把学习、娱乐安排得井井有条，主次分明并认真去做，不但可以培养自我管理的能力，加强自律性，还可以让大家在自我管理中懂得很多做人、做事的道理，养成好习惯。当然，由于我们的自觉性不够，不能持之以恒，也要请家长对计划的执行和进展情况给予适当的监督。

其次是劳逸结合。每年的寒暑假从国家教育体制上讲，适合孩子成长发展规律，放假的时间应以休息为主，如果把学习生活都安排得满满的，甚至比平时的学习任务还紧张，结果只会适得其反。实际上不少同学经常苦恼于假期作业过多，或沮丧于假期生活的单调，因此健康、快乐、成长应该是假期生活的主题。例如：要学会适当放松，比平时多睡点儿觉，保证饮食和健康，不得病；根据自己的运动喜好，开展户外活动，特别是要通过体育锻炼来增强体质；做一些力所能及的家务，加强与家人的亲情交往；有条件的还可以做个短途旅游，开阔视野，陶冶情操；利用假期，多看点书，做到开卷有益……总之，要把自己的生活安排得丰富多彩、绚丽多姿。

再次是培养特长。今后的社会是多元的，俗话说“三百六十行，行行出状元”，只要努力，你都可以在自己喜欢的领域获得成功。因此，假期是发展兴趣，培养特殊才能的大好机会。每个孩子都有其所长，也有其所短，有的喜欢画画，有的喜欢唱歌跳舞，也有的喜欢手工制作……这在课业繁忙的日常学习过程中是难以发展的，更是难以得到特殊培养的。而在假期里，时间相对宽裕，训练的时间较多，只要能扬其所长，避其所短，专心致志，目标集中，也最容易出成绩。如果父母能积极支持并引导我们参加各种提高锻炼能力和特长的活动，从中发现我们的智慧与才能，说不定我们会成为下一个姚明、郎朗、韩寒呢。

最后建议家长应对同学们的假期生活有正确的指导。希望尊重孩子的想法，慎重选择课外辅导班，不要把自己的意愿强加给孩子，避免假期也承受太大的压力。在安排学习生活作息的同时，也要多多关注同学们的心理健康，加强沟通交流，缓解平日的紧张情绪，协助解决孩子们内心的矛盾，培养出一个健康、活泼、快乐的孩子比什么都重要。

总之，愿大家能够合理安排好自己的假期生活，度过一个充实而又愉快的假期。

发表于《学生新报》2010 年第 4 期

告别“暑假综合症”

> 朱老师，暑假结束了，但我过得并不愉快。假期里妈妈为我报了好多补习班，我根本受不了，所以一开学就觉得特别累，上课走神，注意力不集中，可妈妈还骂我懒，怕吃苦，我很委屈，请您告诉我，我该怎么办？
>
> 小　强

小强同学：

你好！

知道你的假期过得不愉快，我也为你感到遗憾。假期的目的就是要劳逸结合，调整身心，放飞心灵，可你却被迫奔忙于各种培训班中，没能得到很好的休整，以至于一开学就身心疲惫，这往往是心理学上说的“暑假综合症”在作怪。

这听起来似乎有点吓人，其实它并不是什么医学上的专业病种名称，而是在暑假结束新学期开学后，个别学生出现的失眠、健忘、上课走神、记忆力减退、理解力下降等症状。究其原因，往往是因为假期中生活、学习、作息习惯的改变，或是暑假加压过度，参加的补习太多，或是旅游、兴趣活动有了兴奋点，过分放松“回不过神来”等，总之，病因都和暑假有着密切关联，因此大家习惯性称为“暑假综合症”。

其实，这种症状几乎在所有孩子身上都出现过，只不过有的孩子由于自制力比较强，开学短暂出现后很快就调整过来，重新进入角色，而另外一些孩子因为长时间不能从暑假生活的消极影响中走出来，难以及时进入正常的学习状态，也就形成了家长老师眼中的生理和心理问题。那要如何应对并及早进入状态呢？

首先你要有及早做调整的心理准备。一般的假期综合症需要经过一周左右时间的调整才能逐渐恢复到常态。所以在假期即将结束时，就要注意开始调整，注意休息，早睡早起，作息要有规律，尤其是不要熬夜看电视、玩游戏，扰乱了自身机体的生物节律，充足的睡眠无论对生长发育还是储蓄能力、消除身心疲惫都是必需的。

其次是要注意劳逸结合，多做一些有益身心的活动，适当控制看电视、玩电脑、玩游戏的时间，逐渐把注意力转移到开学需要做的事上来，检查一下自己的假期作业是否按时按质按量完成，以免开学临近时胡急乱赶，接受检查时紧张焦虑，导致不能迅速地回到学习轨道上来。注意改善膳食结构，多吃一些蔬菜、水果和杂粮，适当摄取蛋白质类的食物。注重一日三餐营养的正常摄入，避免营养不良或营养不均衡。

最后以积极的心态迎接新学期的到来，投入到学校、班级的各项活动中。假期虽然可以多一些娱乐的时间，但和自己熟悉的老师、同学的交往会受到一些限制，加之近两个月的放假时间的确很长，动极思静，也会使你对新学期有一些期待：“我准备好了，状态不错，新学期我会更出色！”这是一个积极的信号，你不妨借助这阵“东风”，以昂扬向上的全新状态去赢得父母、老师、同学对你的另眼相待。

发表于《学生新报》2013 年第 6 期

父母如何应对“开学综合症”？

首先，家长需要以身作则，营造“收心”环境。家长尽量不在孩子面前看电视、玩电脑，更不能一边自己看电视，一边要求孩子按时睡觉。家长一旦以身作则树立了良好的榜样，孩子“收心”也就容易得多，进而驱走“开学综合症”。

其次，为孩子制定合理可行的目标。孩子刚进入开学季，不宜施加太大的学习压力，压力过大会影响他们的学习兴趣和动力。因此，在制定目标的过程中，不要盲目攀比，也不要放大不足，评价孩子自身水平越客观，制定的目标越合理，效果也越好。建议在新学期的目标上应多给孩子一些“甜头”，充分调动起学习的积极性，如此一来必能激发孩子的创造力，帮助孩子更好地达到自己的目标，“开学综合症”被转移了注意力，问题就迎刃而解了。

另外，要积极营造轻松欢快的学习环境。开学后学生普遍存在疲倦、记忆力衰退、注意力不集中等现象，如果学习的环境不能做到轻松欢快，则很难让孩子们进入状态。在轻松欢快的氛围中体会学习的乐趣，不再觉得学习是一件苦差事，化被动为主动去快乐学习、快乐成长，“开学综合症”自然而然也就消弭于无形。

父母望子成龙，我该怎么办？

朱老师：

我有一个烦恼，想请您帮我解决。每天晚上只要我做完作业，我爸就会又叫我做这做那，不让我出去玩，还叫我抄《一点通》，烦死啦。特别是星期六、星期天，我很想出去玩，可是又没办法。我根本就不想做嘛，我该怎么办？

一个小读者

小同学：

你好！

非常高兴你能把自己的烦恼告诉我。我很理解你的苦恼，你们正处于成长阶段，很希望能多有点自己的空间、时间，做点自己喜欢做的事，可家长却不太理解，老希望你们能多读点、看点、记点，把你们的时间规定得太死，使你们失去了应有的快乐，因此很不高兴，有时甚至和父母“顶牛”，闹得两败俱伤，彼此都不愉快。

要想解决这样的矛盾，我觉得需要和你的父母进行沟通交流，做到理解、尊重才行。从爸爸妈妈的角度来说，他们认为今后的竞争很激烈，如果没有真本事很难找到理想的工作，因此希望你们从小多读点书，考个好学校，为自己谋得一份好的职业，这可以说是我们中国父母目前最大的心愿。因此他们不惜花费很多时间、精力和钱财让孩子上好学校、补习功课、学习各种才艺。他们也很可怜，没有星期天，没有节假日，你们在哪里，他们的心也在哪里，真可谓可怜天下父母心。其实他们也知道你们辛苦，你们不愿意，有牢骚怨言，但他们只有你一个孩子，他们不敢放弃，生怕没有尽到责任对不起你，所以也很无奈，只能提高对你们的要求，难免就会操之过急。而你们呢，由于年龄小，暂时还不能体会做父母的这份心情，也还不存在生活、生存的压力，所以总还是希望家长尊重孩子的天性，以我为主，顺其自然，尽情快乐，不希望管得太严、太死，一旦家长提出过高的要求后就不高兴，这是很正常的。因此，建议你坐下来和父母谈一谈，提出你的想法，在理解父母的基础上提出合理化的建议并做出相应的保证。比如说让家长知道学校的作业要求，自己已经做出的努力，作业完成的情况，用已取得的优秀成绩做证明，保证会按质按量完成各门功课，也希望得到家长的理解、尊重。我想，如果你真的能言之成理并认真做到，父母们也不会毫不讲理，不通人性，这样就可以避免单方面的过高要求和彼此对峙带来两败俱伤的伤害。

另外我希望做父母的也能理解孩子，他们正处在既长知识也长身体的关键时期，童年的时光是最美好、最无忧无虑的，如果一味高标准、严要求，只关注成绩，会扼杀孩子的天性，给他们的童年蒙上一层阴影，觉得不快乐、不开心、烦，要知道成长比成绩更重要。如果家长操之过急“管、卡、压”，严防死守“盯、关、跟”，有时相反会伤害孩子的自尊、自信，带来不必要的自卑、自闭，变得孤僻、逃避、自责、抑郁那才更是揠苗助长，欲速则不达。

发表于《学生新报》2010 年第 3 期

爸妈生二胎，我该怎么办？

朱老师，今天回到家，爸妈和我说他们在考虑生二胎，想听听我的看法。这让我一下子接受不了，我可从来没有想过还会有一个弟弟或妹妹，不知道怎样回答他们，现在心里还有些难过，很想听听朱老师的意见。

信任您的学生：小　涛

小涛同学：

你好！

很高兴能和你探讨这样一个有意义的话题。多年来早已习惯独生子女的你遇到这样纠结的事，的确会一下子六神无主，拿不定主意，有些迷茫是很正常的。但我觉得你的爸妈既然能平和地和你讨论，征求你的意见，说明他们还是很开明的，恭喜你生在一个民主、幸福的家庭。我这段时间也为这事很纠结，细想下来，提出以下几点意见供你参考。

首先是理解尊重。从今年开始国家全面放开生二胎，从大的角度来说是国家人口政策的重大调整，为我国将来有足够的人力资源后盾做准备，否则进入老龄化以后，一对夫妻要赡养四个老人哺育一个孩子还是很艰难的。从小的角度来说生二胎有利于家庭的稳定和幸福，独生子女容易导致过分溺爱，娇生惯养，一旦出个什么意外，失独家庭将会承受过大的压力和痛苦。再说了，改革开放以来，我们国家国泰民安，风调雨顺，这么多年经济发展有目共睹，物质生活极大改善，家庭的收入也逐渐增长，每个家庭生两个孩子也能承担。所以要理解国家的大政方针，尊重父母的自由选择。

其次是坦然接受。父母有生养孩子的权利及义务，他们要不要二胎，那是他们的权力，这不是你能管的事情。其实站在父母的角度想一想，将来你长大要远走高飞，不能陪在他们身边时，有个弟弟妹妹在他们身边代替你陪伴、照顾，他们就不会孤独寂寞，这样也减轻了你的压力，你会更放心些。并且你将来走上社会就会知道，“打虎亲兄弟，上阵父子兵”，血浓于水，血脉相连，只有血缘关系才是最亲的，谁也分不开。实际上，如果父母坚持要，你反对，生气，赌气，他们还是要，倒不如高兴地接受，保持家庭的和睦和融洽，又能多一位至亲至爱的人，何乐而不为呢！所以不管你家人做了什么样的决定，你都做好自己的角色，生了，把你的弟弟妹妹照顾好，做个好哥哥好姐姐；不生，你就要比之前更孝顺你父母，因为你是他们唯一的宝贝！

再次是乐观豁达。有的独生子女怕父母生二胎会减少对自己的关注，甚至会剥夺自己的幸福，其实这只是一厢情愿、自私自利的愚昧想法，既然你是父母的宝贝，弟弟妹妹又何尝不是呢？古人言：“独学而无友，则孤陋而寡闻。”想想以后长大就你一个“独巴猴”多孤单啊，遇到生活难题时候想找个人商量都没有，而且负担老人又很困难，这时身边有个人能帮助你多好啊！人最怕的是孤单寂寞，家里多个弟弟妹妹就比较热闹，有人气，说不定你的小弟弟或者小妹妹十分漂亮可爱，招人喜欢，你岂不是又多了一个好玩伴、好朋友？所以不要把弟弟妹妹想成是负担累赘，他们小的时候的确需要人照顾，但等你年纪大了，父母老了，你的弟弟妹妹正值年轻，才真正是你能依靠的。

当然做任何事情也要量体裁衣，看菜吃饭，如果家庭经济比较困难，没有老人帮着带孩子，或者父母年龄太大、身体不好，那就要酌情考虑，量力而行，切不可心血来潮，一意孤行，生下来养不起，教不好，成为家庭和社会的累赘，那就是得不偿失，不负责任。所以父母征求你的意见时，你也可以心平气和地把自己的担心和顾虑与他们进行沟通交流，但不能强词夺理、自以为是，甚至是有过激的言论和行为，以免伤了父母的心。

发表于《学生新报》2016 年第 2 期

感恩是一种美德

同学们，在已经过去的母亲节、父亲节里，你有没有向你的母亲、父亲表达过感激之情？在教师节来临之际你想过给老师送上美好的祝愿吗？当同学送你生日礼物时你有没有想过要真诚的感谢呢？

在西方国家有个感恩节，我国则历来倡导“受人滴水之恩，必当涌泉相报”，可以说知恩图报是我们中华民族的传统美德。“谁言寸草心，报得三春晖”“谁知盘中餐，粒粒皆辛苦”，这些古诗句告诉我们的就是要懂得感恩。但现实社会中，却有一些学生不懂得感恩。在家里，最好的东西一人独享，电视遥控器他一人主宰，过生日、同学聚会，大把大把胡乱花钱，对父母的教诲不屑一顾，认为父母“老土”，像《大话西游》里的唐僧，稍不如意还呕气离家出走，走进网吧，肆意挥霍父母的血汗钱。在课堂上，教师上课他打瞌睡，教师苦口婆心的规劝他视为耳边风，不以为然。在学校，坐在宽敞明亮的教室，使用优良的教学设备，不知感恩学校和社会。相反将父母、师长、同学的帮助视为理所当然、天经地义。

某学校给孩子布置了一次特别的家庭作业：给自己的父母洗脚。一个完成作业的孩子谈道：“我长这么大，第一次给妈妈洗脚，发现妈妈脚上长满了死茧，有的地方甚至裂了口，我无法计算妈妈在奔波赚钱之时，留下了多少脚印，流下多少汗水！看着妈妈那双受伤的脚，我不禁热泪盈眶……”同学们，此情此景，你内心是否被触动了呢？从小时侯到现在，父母给儿女洗了无数次的脚，而儿女又为父母做了什么呢？从这个例子中你是否应该想想今后要怎样做呢？

感恩是一种美德。怀着感恩的心，一代伟人邓小平在古稀之年说：“我是中国人民的儿子，我深深地爱着我的祖国和人民。”怀着感恩的心，诗人艾青在他的诗中写道：“为什么我的眼中饱含泪水，因为我对这片土地爱得深沉。”亲爱的同学们，学会感恩，不要再认为所有的事情都是理所当然的。感谢我们的父母，由于他们的言传身教，我们懂得了什么是黑，什么是白，懂得了分辨是非曲直；感谢我们的老师，因为他们的谆谆教导，我们懂得了用知识来武装自己，丰富自己的人生；感谢我们的朋友和同学，是他们的友情和包容，让我们有了自己独立的性格表现，有了多彩的世界。

那怎样感恩呢？我认为感恩应该是发自内心的，要具体落实在行动上，体现在日常生活的点点滴滴中并且贵在坚持。比如说你在父母劳累后递上一杯热茶，在他们生日时递上一张卡片，在他们伤心难过时奉上一番问候与安慰。感恩需要你用心去体会，去报答，感恩不需要惊天动地，只需要你的一句问候，一声呼唤，一丝感慨，一个微笑。

新的学期开始了，同学们，让我们怀着感恩的心去面对生活吧！只要我们对生活充满感恩之心，充满希望与热情，我们的社会就会少一些指责，多一些宽容；就会少一些争吵，多一些和谐；就会少一些欺瞒，多一些真诚……

发表于《学生新报》2010 年第 6 期

好朋友就在你身边

“

亲爱的朱老师：

您好！

我是一名六年级的学生。现在我发觉，身边的朋友越来越少了，真心的朋友没几个。有时她们还会欺骗我，背叛我。那个时候，我真的不想把她们当作朋友。感觉她们不够朋友，几次想和她们绝交。现在我真的不知道怎么办才好，朱老师请您帮帮我。

小　代

”

小代同学：

你好！

编辑部张老师转来了你的信，感觉得出来你为交朋友的事很是苦恼、纠结。的确，身处学生时代的你们，谁都希望有几个真心的朋友，可以谈天说地，聊聊心里话，可被朋友欺骗、背叛又是很令人伤心的，所以我能体会出你的失望和愤懑。

但常言道：一个巴掌拍不响。任何事情的出现总是有原因的，为什么你会觉得好朋友会越来越少？想交朋友，愿交朋友，这是好事，但你是否也有做得不好的方面呢？我倒觉得你应该先反思一下自己。

交朋友贵在相知。你首先应该学会细心观察周围的人，看他们哪些人的性格适合和你做朋友，找到后试着和他（她）亲近，以礼待人，然后选择和你生活背景相近、性格脾气相投、愿意倾听你说话、有情有义的人成为知心朋友。相处时对待朋友不要太虚伪，不要老揭人家的短，毕竟人不可能十全十美，包括你，所以择友标准不要太高，只要在一起合得来就好。同时要有自己做人处事的准则，努力培养个人魅力。注意别找那种所谓江湖义气的人，那种人多半说得比做得好，最好是心地善良的、知道感恩的人。

交朋友贵在真诚。诚恳能带来朋友间心灵的共鸣、精神的寄托、思想的交融。能真诚对待别人的人，他们身边总聚集着一大堆的好朋友，总是让人有安全感、愉悦感和信赖感。所以要真诚地对待你认为可能成为知心朋友的人，多为人家做点事，锦上添花不如雪中送炭，人家有困难了要挺身而出，不要老是打自己的小算盘，怕吃亏什么的。如果你真诚地待他们，处处、事事能够为他们着想，大家有福同享，有难同当，双方互相理解，互相包容，互相支持，自然就能形成共同的兴趣爱好。

交朋友贵在反思。人贵有自知之明，如果朋友间产生了误会，不要埋怨指责，推卸责任，一定要积极主动地想办法消除误解，多做自我批评。想想是不是自己无意中做的哪些事伤害到了朋友，或是有哪些地方做得让人讨厌。平常要学会主动去交朋友，主动是友谊的真谛，朋友之间常来往，彼此沟通交流思想才能不断增进感情，不要以为朋友就应该总是主动围着你转。有些事别太计较，笑一笑就过去了，别没事在背后说别人不好的事，即使你是无心的，说不定言者无心听者有意，也许你的哪句无心的话就伤害到了朋友。有机会以平和的心态问问你的朋友，看看他们又是怎样评价你的，这样将心比心、换位思考会让你更受朋友青睐。

记得爱因斯坦有句名言：世间最美好的东西，莫过于有几个头脑和心地都很正直的朋友。中国古训也说：万两黄金容易得，知己一个最难求。我相信只要你能热爱生活，珍视友谊，善待朋友，投之以桃，报之以李，好朋友就一定会来到你的身边。

发表于《学生新报》2014 年第 6 期

心中种棵亲情树

朱老师：

您好！

最近我很烦恼。这两天表姐住在我家，妈妈就兴奋得不得了，每天忙着买菜、洗菜、做饭。就连吃饭的时候也把我忽略了，还总拿姐姐和我比较，总说我这也不好，那也不好。我该怎么办呢？

祥云县城南社区完小：周木子

木子同学：

你好！

读完你的来信，感到你很可爱。你现在所经历的，十多年前我女儿身上曾有过，这是成长路上的幸福小烦恼，大人往往不以为然，还觉得你们自私、狭隘，“醋”意十足，但没想到在你们心中却是一个大大的烦恼。

从小到大，作为独生子女的你都是家里的唯一，没有外人和你一同分享父母亲人的爱。表姐的到来打破了这种宁静，无形中夺走了一部分爱，所以有些不适应而感到伤心、烦恼，这种反应是正常的，大多数独生子女都会有的，只是它的味道有点酸酸的，不太阳光、健康。

表姐到你家住，妈妈对待表姐如此热情周到，那是因为你们是亲人，是一家人。常言道：“骨肉天亲，血浓于水。”就像我女儿上小学时问我，“爸爸，什么是手足之情？”我告诉她：“以前家里兄弟姐妹睡一张床上，你的手搭着我的脚，我的脚碰着你的手就叫手足之情。”也许你今天暂时还不能理解这些，可我还是要告诉你，你妈妈的心里长着一棵亲情树，而你很幸运，如果能从她那里接过这一粒亲情的种子，用爱心呵护着它长大，那时候你的亲情树就会枝繁叶茂，引来阳光花香，果实和小鸟。

此外，表姐的到来你是最应该高兴的呀！孔子说：“有朋自远方来，不亦乐乎？”平常都是你一个人，时间一长，“独学而无友，则孤陋而寡闻”，现在有个同龄人来到身边不正是交流、沟通、相互促进的好机会吗？再说了，她也许只是来一阵子就走，说不定他们家以前对你们有恩，你妈妈也想报答一下，或者是表姐家日子过得很辛苦，妈妈对她好一些也是应该的。所以你这个小主人更应该热情地站出来，和姐姐多交流，多分享，那样你不止多了一个玩伴，一个朋友，还给自己的亲情树增添了一份快乐生长的营养液呀！要知道“爱出者爱返，福往者福来”，你爱着多少人就会有多少人爱着你，今天你投之以桃，将来人家报之以李，你就会享受更多的亲情和友爱的。

当然，如果妈妈做得太过分，没有顾及你现在的感情，你可以跟妈妈坦诚地讲讲自己的心情，也可以在她把你和姐姐做比较的时候，调皮地告诉她：“不要破坏我们的姐妹（弟）感情哦！要引导我们相互学习才是聪明的好妈妈。”记住，父母的爱是不会分割的，作为孩子我们永远是他们的唯一。所以用笑脸迎接姐姐和你亲爱的妈妈吧，她们也许正张开双臂等待能拥抱上你的快乐呢！

最后，祝愿你们家的亲情树越种越大，祝愿你能在亲情树下尝到这酸后面的许多甜！

发表于《学生新报》2015 年第 1 期

走出迷雾的山谷

“

朱老师，我是我们六（2）班的班长，以前一直很受同学们的敬重，参加学校演讲比赛还获了一等奖。但最近发现很多同学开始疏远我，还在QQ群里攻击我、污蔑我，其中甚至有我的好朋友，让我很受伤害，我真委屈，我再也不想当班长了。

学生：雅　琴

”

雅琴同学：

你好！

看到你的来信，我仿佛看到了一个踽踽独行的背影，她充满了烦恼、忧伤和痛楚，多么渴望得到理解、尊重和友善，让我又心疼又难受。看得出你是一个很优秀的好孩子，也正因为这样你才会得到同学们的敬重，老师才放心让你当班长，现在遇到一点挫折和烦恼便撂挑子不干，那不等于是自我怀疑、自我否定、自我放弃吗？我不赞成这样。

常言道：无风不起浪，有果必有因。为什么以前同学信任你、敬佩你，这段时间却变成疏远你、攻击你，这其中肯定是有原因的，如果只是极少数个别，那倒不用在意，说不定是她们嫉妒你。但如果人数多，你不妨多做一下自我反思，是不是最近自己哪些方面没有做好？是什么原因导致的？该怎样来补救或是消除影响？说不定经过客观仔细的分析，你会得出一个相对明晰的结论。

如果真是自己的失误，那就不要拖，诚恳地向同学们承认自己的不是，虚心接受大家的意见并马上加以改进，迅速把矛盾化解在萌芽状态，很快就能得到别人的理解和友谊。如果自己找不到原因，就要通过各种途径了解他们的真实想法，最好直接找好朋友了解，但一定要注意态度友善、言辞恳切，千万不要沉默不语或是自我伤害，相信只要你是抱着解决问题的真诚态度去求教，朋友们会坦诚相告并帮你出谋划策的。

如果不是自己的错或者根本就是误会，那就不用过分着急，乌鸦的翅膀遮不住太阳的光辉，乌云总有散去的时候，时间一长，清者自清，浊者自浊，迟早都会澄清，你不用急于解释、辩白、反驳，更忌讳以牙还牙展开反攻，那样很可能会激化矛盾，弄巧成拙。只需要通过适当的途径，把自己的想法、心意表达出来即可。比如说请好朋友适时传递准确、正确的信息，得到大家的理解和支持；或是也在QQ里把自己的真实想法和盘托出，真诚面对。必要时找老师通过正面合理的方式来处理，但请老师的时候一定要注意分寸，千万不要又生误会，以为你告老师来压他们，反而变本加厉地给你带来精神损害。总之，一定要注意方式方法的合理选择和运用。

当然如果有极个别对你意见大的同学从中作祟，你也不必要跟他们发生直接、正面的冲突，学会保护自己。要知道友谊是强求不得的，志同道合可以做朋友，如果志不同道不合，不一定非要天天在一起，各有各的生活准则、方式，将来也是大路朝天，各走半边，时过境迁，世易时移，你一定又会交到很多新的挚友。

至于班长我建议你还是要义不容辞地当下去，因为这是学生阶段锻炼、提升你综合素质、能力的最好机会，是看你能否担当、勇于负责、敢于迎接挑战的最佳时期。人生若逆水行舟，不进则退，如果遇到挫折、烦恼就放弃，有了困难、坎坷就逃避，那是懦弱无能的表现，今后一定走不远的。记住你不是为别人生活，你是为自己活着，你大可不必看别人脸色行事，为别人的闲言碎语、污蔑攻击弄得自己整天心神不定、忧心忡忡。一个人只要行得正、坐得端、走得稳，怕什么！咬定青山不放松，任尔东西南北风，只要你是真诚为班级、同学办好事、办实事，相信邪不压正，假以时日，正义必将战胜邪恶，绝大多数同学还是会像以前一样佩服你、敬重你的。

发表于《学生新报》2017年第1期

不要拒绝爱的期盼

编辑部转来一封信，是昭通巧家一所学校初三年级的班长袁亚道同学在不眠的深夜写给离家出走的同学的，真可谓情真意切，话语谆谆，信中充满了对同学的期待与关爱，读来温暖备至，让人感慨万千。

有人说，这是一个缺少关爱的时代，“事不关己，高高挂起”和“各人自扫门前雪，休管他人瓦上霜”似乎成了一些人视为经典的保命哲学，于是出现了面对老人跌倒“救与不救”的纠结和19个路人漠视小依依生命危在旦夕的良心拷问。然而不可否认的是我们的社会仍然有谭千秋、张丽莉、“最美妈妈”、“托举哥”等值得我们为之欣喜、动容的模范人物，他们在用自己平凡而朴实的行动感动着无数的人，传递着我们中华民族见义勇为、扶弱助困的正能量。

当然，与他们相比，袁亚道同学的书信也许只是微不足道的“小儿科”，但透过这短短的书信，我看到的是一种播撒在我们校园里圣洁的人性光辉，它像一缕缕灿烂的朝阳温暖着我们一颗颗年轻的心。

不是吗？当同学逃课又回来时，他们不是指责唾骂，群起而攻之，而是由衷喜悦，因为“我们这个班不能少了你，你是我们184班的一份子”。当同学因为打架，离家出走时，他们不是不闻不问，漠然视之，反而是焦虑不安，四处帮忙找寻，只希望“我们像往常一样，等你回来上课”。面对同学选择逃避，不愿承担责任，他们把拳拳之心的母爱托举到最高处，希望能换回同学对母亲的眷眷之情：“这几天，她都在找你，她整个人都憔悴了，她是那样的无助，她的脸上多了皱纹，头上多了白发，你能体会她的痛苦吗？”面对执迷不悟的同学，他们不抛弃，不放弃，晓之以理，动之以情：“当一个人犯了错误的时候，逃避是不能解决问题的，我们每个人都应该勇敢地去面对，人生不是一帆风顺的，我们每个人都会犯错误，都会遇到困难和挫折。犯了错误，我们要勇于改正，尽量弥补我们的过失，这才是我们做人的根本。”尤其值得一提的是，孩子们那一颗颗水晶般的心写满了真诚：“其实你的成长不是孤单的，有爱你的父母、老师，还有你的同学朋友，我们都是关心你的。同学，让我们一起走过人生中的暗夜，一起面对人生中的困难和挫折。快回来吧！回到你的课堂，回到你的同学中间来，我们都在等你。”

多么难能可贵的友谊！多么真诚挚爱的话语！这是爱的呼唤，是美丽心灵的鲜花在怒放。这不正是我们的学校教育所期盼的吗？我们有这样的学生，校园里有这样的友情难道不值得我们欣慰、感动吗？如果那位离家出走的同学有机会看到此信，会不会为同学间这种真诚无私的情怀打动，幡然悔悟回到学校去坦然面对呢？

曾几何时，我们一味指责孩子的冷漠与自私，称他们是“垮掉的一代”，是“草莓女”“蛋壳男”，经不起风雨的洗礼。但我们又何曾真正走进他们的心里，去理解、尊重他们？耐心、细心、倾心地关心、爱护、帮助他们？过高的期望使孩子失望，过多的干涉使孩子无奈，过多的指责使孩子无措，过分的溺爱使孩子无能、无情，这难道不值得我们深思吗？孩子本是一张张洁白的画纸，拿着彩笔的是我们的家长、老师和社会，是用五彩的色调、秀丽的笔触把它描摹得色彩斑斓、艳丽多姿、春意盎然，还是信手涂鸦、鬼画桃符，乱画一气？答案就在每个人的心里。

朋友，不要拒绝播撒爱，因为正是这种爱的情怀让人间多了些温馨的亮色，少了些无奈的叹息。朋友，更不要拒绝接受爱，有了它，你会在爱心里徜徉、流连，会感到多了些关爱与牵挂，少了些孤独与寂寞，会加倍体会到友谊、真情的可贵。

（附编辑部转来的信）

附：

同学，我们在找你

昭通巧家县大寨中学九年级 184 班　袁亚道

同学，你是我们 184 班初三年级的学生，你到这个学校这个班两年多了，我们不可能会记不住你！你给我们印象最深的就是你那双稚气的眼睛，你那瘦小的身子。我们记得你逃过许多老师的课，老师们去你家找你，你经常不在家。当第二天，你回来上课时，老师们为你感到高兴，我们为你感到高兴。因为你又回到了教室，回到了同学们中间。我们这个班不能少了你，你是我们 184 班的一份子。

同学，当我写这段话的时候，你已经离校两天了。你离开的原因是因为你跟班上的同学打架，在还击的时候，你拿出了小跳刀，跟你打架的同学把你的跳刀夺了下来，班上的同学把跳刀交到了老师的手上。等老师去找你的时候，你已经离开了学校。老师通知了你的家长，你妈说，你没回家。于是，我们像往常一样，等你回来上课。但你没有来，你选择了离家出走，选择了逃避。

同学，当你在外边游荡的时候，你有没有想过你的家人会担心，你的老师会担心？我们都在打你的电话，但无人接听。你知道吗？你的母亲在深夜的时候，她一个人打着手电，她在到处在找你，她在喊你的名字。同学，你妈不容易呀！你爸在外打工，她一个女人撑着一个家，还要照顾你，你知道她有多难吗？你的出走，会让她多焦急！多失望！多伤心！知道吗？这几天，她都在找你，她整个人都憔悴了，她是那样的无助，她的脸上多了皱纹，头上多了白发，你能体会她的痛苦吗？同学，我们都在找你，希望你早点回来。

同学，我想跟你说，你已经是初三年级的学生，应该明白一些事理了。当一个人犯了错误的时候，逃避是不能解决问题的，我们每个人都应该勇敢地去面对，人生不是一帆风顺的，我们每个人都会犯错误，都会遇到困难和挫折。犯了错误，我们要勇于改正，尽量弥补我们的过失，这才是我们做人的根本。

同学，其实你的成长不是孤单的，有爱你的父母、老师，还有你的同学、朋友，我们都是关心你的。同学，让我们一起走过人生中的暗夜，一起面对人生中的困难和挫折；同学，我们希望你能快乐地学习，快乐地成长；同学，老师希望你能快点回来，回到你的课堂，回到你的同学中间来，我们都在等你。

同学，我在给你写这些话的时候，已经深夜了，这是一个同学的心声，一个班长的心声，希望你能体会，老师在盼你回来，我们也在盼你回来，回来吧，同学！今夜，对我来说，又是一个不眠的夜晚。

184 班班长：袁亚道

2012 年 9 月 22 日深夜

（指导教师：许天洪）

怎样化解和父母的矛盾

> 朱老师，我的父母一天到晚只在乎我的学习，尤其是母亲非常唠叨，很难听进去我的想法，有时我甚至觉得他们很讨厌，很想离开家，但又怕他们难过，我真不知如何是好。
>
> 十分矛盾的学生：小　杰

小杰同学：

你好！

感受得到你内心的矛盾和冲突，也能理解你此刻的心情。你觉得自己已经长大了，很希望父母能多听听你的想法，理解你，尊重你，这是理所当然的。但常言说得好：一个巴掌拍不响。父母居高临下的一些想法、做法固然有让你讨厌的地方，但你也要学会思考在与父母的矛盾中自己是否也有需要改进的地方？如果有的话，为人之子的你应该怎样处理好与他们的关系呢？我建议从以下几方面入手。

一是主动出击，多和父母进行沟通交流。其实孩子和父母的很多矛盾都是由彼此缺乏了解、信任开始的。所以你不妨每天找点时间，比如饭前饭后，主动和他们吹吹牛，聊聊天，谈谈你的学习、校园生活，你的老师和朋友，相信爸爸妈妈还是很乐意听的。这对你而言是一种合理的宣泄、释放，对他们来说也可以从多方面、多角度了解你，觉得你是一个懂事理、爱生活、善思考的孩子，就会对你放心，给你更多的自由空间。

二是要学会换位思考，体谅父母。父母和孩子是不同时代的两代人，有一定的代沟在所难免。由于我国目前的教育现状和未来的就业压力，父母都希望你们成龙上天，不希望成蛇钻草，因此有时候难免会操之过急，甚至拔苗助长。期望值很高，给你造成了压力，这时你不妨尝试一下“换位思考”：也许是父母受教育程度有限，教育观念滞后；或是由于过于劳累，身心疲惫；或是工作、生活中遇到了困难，导致心烦意乱。特别是母亲，老老小小，忙里忙外，更不容易，况且她也许正慢慢进入更年期，脾气易暴，所以更要多多体谅她。如果你学会了多从父母的角度出发去看问题，也许你就会改变自己的一些态度和认识。

三是要学会控制情绪，增强心理弹性。有时父母和你发生矛盾，可能错不在你，但他们一些过激的言辞和做法，会伤害了你，整天的唠唠叨叨会让你烦不胜烦，但也要学会耐下性子，控制情绪，有点心理弹性，“忍一时风平浪静，退一步海阔天空”，针尖对麦芒，谁都不让步，最后的结果是两败俱伤，谁都不得好。要记住“冲动是魔鬼”，“脾气来了，福气就没了”。更何况父母是这个世界上最爱你的人，可怜天下父母心，正因为爱之深，才责之切，所以不要和他们发生激烈的正面冲突，更不可以离家出走或是以更极端的方式来表达对父母的不满。

小杰同学，看得出你是个很有孝心的孩子，也很想早日改善和父母亲的关系，快乐的学习和生活，所以做儿子的你一定要学会改变心态，早日采取一些行之有效的方法，并持之以恒，始终不渝，我想你的不懈努力一定会换来父母亲的理解、支持和信赖的。

发表于《学生新报》2013 年第 3 期

如何让老师喜欢你

> 朱老师，我历来是个不受老师喜欢的人，我很难受，多希望改变现状。今年爸爸又把我转到一所新的学校，我很担心和老师的关系，希望您能帮帮我。
>
> 五年级：小　周

小周同学：

你好！

看了你的情况，说实在话，我也很难受。每个人都希望得到尊重，尤其是处于青少年时代，但你却长期没能得到老师的喜爱，并为此而痛苦伤感，这真是一件遗憾的事。尽管我不知道是什么具体原因导致老师不喜欢你，但我相信“一个巴掌拍不响”，在和老师相处的过程中你肯定也有一些值得注意和改进的地方，我想你转学到新学校后以下几点是需要关注的。

一、要提高自己的成绩，用实力赢得尊重。学生的任务是学习，而学习成绩是检验学生优秀与否的一个重要尺度。不可否认，几乎所有的老师都喜欢成绩好的学生，会对他们多一些关注和喜爱。反过来，成绩好的学生也会因为老师的青睐和照顾更加认真地学习，有了这种学习上的良性循环，成绩也会更好。所以要想赢得老师的喜爱，你必须把重点放在如何更有效地学习和提高成绩上。

二、勤学善问，虚心向老师请教。每个老师都喜欢有自己的性格和见解、有强烈的求知欲、好学上进、肯动脑筋的学生。老师的年龄、学问、阅历，在某方面的水平肯定是高于学生的，所以，有不懂的地方，千万不要自以为是，自作聪明，或是含糊带过，要向老师虚心求教，勤学好问不仅直接使学习受益，还会增多、加深和老师的交流，无形中就缩短了与老师的距离，容易被老师记住。

三、要学会积极与老师沟通交流，化解矛盾。在学校里，常常会遇到被人错怪或误解的时候，感到委屈、沮丧，有时会认为老师偏心眼，从而采取消极的态度与老师对抗。这就需要多和老师进行积极的沟通交流，正确对待，选择适当的时机，委婉地向老师提意见。如果老师冤枉了你，不要当面和老师顶起来，等大家都心平气和再说，否则不仅无助于问题的解决，还会恶化师生的关系。不管怎么说，老师是长者，做学生的应该照顾老师的自尊心和面子。

四、要诚实善良，勇于承认错误，及时改正。有的同学明知自己错了，受到批评，即使心里服气，嘴上也死不认错，与老师搞得很僵。有的人则相反，受过老师一次批评心里就特别记恨，认为他是对自己有成见。这都是没必要的，谁不会犯错误呢？错了就是错了，主动向老师承认，改正就是好学生。老师不会因为谁有一次没有完成作业，有一次违反了纪律就认为他是坏学生，就对他有成见。相信老师是会全面、客观地评价学生的。

五、尊重老师，尊重老师的劳动。老师把知识无私地、毫无保留地教给学生，如果他们希望得到什么回报的话，就是希望看到学生成才、成熟，在知识的高峰上越攀越远。所以学生要懂得尊敬老师，见到老师要主动问好。上课要认真听讲，不破坏纪律，把老师留的作业保质保量地完成，用优异的成绩和全面发展的良好素质来回报老师付出的辛勤劳动。

总之，到新学校后，要积极与老师建立融洽的关系，这样既可以促进学习成绩的提高，又可以学到很多做人的道理，会使你一生受益无穷的。相信你通过努力能让老师由衷地喜欢你，时时开心地学习，每天都有丰硕的收获！

发表于《学生新报》2013 年第 2 期

如何化解和老师的矛盾

朱老师，我是一个六年级的转学生，到了现在的新班级后，我处处感到低人一等。老师常常无缘无故地打击讽刺我，连同学也对我另眼相待，让我很受伤、很痛苦、很愤怒。一个学期不到我又想转学或者留级了，可家里不准，实在没办法，只好求助您了。

学生：小　磊

小磊同学：

你好！

春节刚过就收到你的信，感受得到这个春节你过得一定不愉快。说实在话，我看后也很难受，也很为你担忧，也想找到什么灵丹妙药，让你药到病除，但又不可能，因此只能按我的理解谈一点简单的看法，希望能对你有所帮助。

首先，我想说的是要理解老师、尊重老师。老师也是人，也有七情六欲，喜怒哀乐，也希望得到学生、家长的理解、尊重和爱戴。换个位子思考，如果你是老师，每天起早贪黑，披星戴月，面对上不完的课、改不完的作业、数不清的检查，你会不会疲惫？如果再加上学生不听话，成绩不理想，班里矛盾纠纷不断，你会不会心烦意乱？有时难免就会说些不得体的话，会无意间损伤你们的自尊心。但记住，千万不要和学校、老师赌气，否则吃亏的永远是自己。常言道：爱之深，责之切。正因为老师恨铁不成钢，希望你们早日成人、成才，才会要求严一些，高一些，所以你不妨把它当成对自己的磨炼，多多鞭策鼓励自己。你们今后的人生还很漫长，比这样大的挫折和委屈会更多，要做好吃苦的准备，要想人前显贵，必须人后受罪，说不定这些挫折会成为你一生难得的财富，激发你的潜能与斗志，奋发图强，自强不息去迎接未来的挑战。（当然如果你们老师平时有违师德，经常打骂挖苦学生，那就另当别论了。）

其次，你需要做的是面对现实，绝不逃避，多从自己身上找找原因。俗话说：世上没有无缘无故的爱，也不会有无缘无故的恨。老师、同学歧视你、伤害你也许是他们的狭隘、偏见所致，但你有没有从自身的角度考虑一下：我做得好吗？有没有影响班集体的荣誉？是不是都是他们的错？我是做老师的，说实话我也最怕接收转学生，如果不是有这样那样的客观原因，父母是不会轻易让孩子转学、留级再去适应陌生环境的，一旦到了新的班级，如果固态萌发，会给班集体带来不小的负面影响。因此你也要学会考虑别人的感受，如果的确是自己做得不好，那就努力改进，用事实、成绩说话，用实力赢得别人的尊重。如果是他们有偏见，有误会，也别着急，可当面或通过电话、短信与老师、同学诚恳地交流解释，以心换心，精诚所至，金石为开，相信你的诚意会让老师、同学有所改变的，一切都会雨过天晴的！

另外，我想告诉你的是别对外界太过敏感，别人也许只是无意的一句话，一次善意的提醒，却把它看得非常重，老喜欢自我牵连，总把自己联系进去，久而久之，弄得风声鹤唳，草木皆兵，爱疑神疑鬼的。再加上进入青春期逆反严重，稍不满意便要反抗，最终弄得剑拔弩张，与老师、同学矛盾加剧，甚至对抗，这是老师最不愿意、最反感的。所以要放平心态，坦然应当，学会思考、辨别，不要自以为是，老是盯着老师、同学的某些问题和不足不放，把责任推给别人，自己徒生烦恼。

最后还想说的是要学会坚强，有韧性，不要太脆弱，一遇到困难挫折就逃避，要知道反复的转学、留级会给你的心理上留下不小的伤痛，会让你始终处于动荡不安的不良情绪中，会更难以适应，缺乏安全感，使情况进一步恶化。

发表于《学生新报》2012 年第 2 期

把春游还给孩子

“

朱老师，告诉您一个不幸的消息，我们本周的春游取消了，听老师说今后都不会再组织了，我们大家都很难过，我们好可怜呀！再见了，春游！再见了，我们快乐的童年！

一个渴望亲近大自然的学生

”

同学：

你好！

收到你发给我的短信，字里行间感受得出你们对春游的渴望和依依不舍的情怀，也勾起了我对孩童时代春游的美好回忆。是呀，春暖花开，百鸟争鸣，阳光和煦，空气清新，置身于这如诗如画的环境中，使人心胸开阔，精神振奋，既可增进同学、师生之间的感情，又可丰富大家的课余生活，让同学们在春意盎然的季节里放飞心情，真是一件惬意的事。可由于各种原因，也许不得不告别春游，大家心里都十分难舍，不是滋味。

对此，首先我想说的是要学会理解和尊重。学校放弃组织春游最主要的原因是出于安全的考虑。家长把你们交给了学校，学校就要保证安全第一，如果春游过程中发生人身伤亡等意外事故，教育行政主管部门、学校领导、老师“谁组织，谁负责”，都要承担相应的责任，吃力不讨好，好心没好报，那是件很痛苦的事，大家

都难以承受。再者是出于收费上的考虑，春游中要涉及交通费、景点门票、餐饮等诸多收费项目，学校没有这笔开支，不得不向家长收取，难免引起纠纷，落下“乱收费”的不好名声。所以很多时候学校明知不好，为了不惹麻烦，也不得不忍痛割爱地取消春游、秋游，所以希望大家要学会理解学校、领导、老师的难处。

其次要学会配合与服从。从以往春游、秋游的情况来看，我们同学在活动中的一些表现和不文明行为也会让老师、家长失望。比如说不遵守活动纪律、不听从老师安排、随意离队、追跑打闹、做危险游戏、损坏公共财物、乱摘花木、乱扔垃圾污染环境等，有的则过分攀比，要挟家长给钱，大吃大喝，把春游变成了吃零食大赛等。大家想想，一个班五六十个思想活跃、性格迥异的学生，只有一两个苦不堪言、顾首不顾尾的老师看管，的确会让他们防不胜防，烦不胜烦，久而久之也失去了带大家出去游玩的兴趣。

最后我觉得要加强沟通与交流，社会、家长及相关部门要齐抓共管，多点宽容、支持与帮助。比如说教育行政主管部门加强审批制度，统筹规划；学校精心组织策划和演练，强化学生安全教育；承办旅游部门保证车辆安全、路线合理，降低安全隐患；家长积极参与组织、安排和协调，小心看护；社会多一些理解、支持和帮助，少一些责难、追究和棒喝等，学校才敢组织，家长才放心让孩子参加，孩子们才会有机会走向春天，走向大自然。

总之，对于孩子春游，放任自流不闻不问不行，因噎废食剥夺机会不可，谁都不愿出事，但谁也不敢保证不出事，如果怕出事就让孩子把春游当成了“作文游”“操场游”，甚至是“梦中游”，成为孩子遥远而又伤心的回忆，那岂不是罪过？所以还是应该把春游还给孩子，把快乐的童年还给孩子。

发表于《学生新报》2014 年第 5 期

到底谁的错？

朱老师，上周我的语文考试竟然得了从未有过的第一名，我得意洋洋地把试卷拿回家，老爸异常高兴，决定奖励我买两本书。但当我把卷子拿给妈妈也希望得到奖励时，没想到她只说了一句："嗯，这次考得不错，今后每次都要这样好好保持！"之后就去责怪爸爸为何要答应给礼物，最后他们为这事竟变成了争吵，双休日都在冷战。我很难过，我不喜欢他们互相冷冰冰的样子，每次吵架都是为我，我真是个罪人。考得好有什么用？要什么奖励？朱老师，是不是我错了？

学生：刘　洋

刘洋同学：

你好！

看完信，我心里很不是滋味，我能体会你此刻的感受，似乎还看到你委屈无奈的泪珠和深深自责的叹息。没想到那么值得高兴的一件事竟然会是这样一个出人意料的结果，难怪你觉得难受、痛苦，让我也为你平添了一丝牵挂。

你问是不是你错了？在此我明白无误地告诉你：你没有错！真的没有！！好不容易考了好成绩，理所当然应该让爸妈为你高兴，共同享受成功的喜悦，这无异于向爸妈报告：你们的孩子很优秀，值得你们为他（她）自豪！这对你今后自信心的培养也很有帮助，如果能继续保持发扬，让优秀成为习惯，久而久之，你将品尝成功的累累硕果。

是爸爸错了吗？也没有，做父母的，有谁不希望自己的孩子成龙成凤，看到你如此优秀，奖励你两本书也在情理之中。好孩子是夸出来的，好的就该赏识、鼓励，逐步强化，让你自信、乐观，更加激发斗志，乘胜前进，如果有了成绩不闻不问，漠然视之，那才叫人别扭、难受，那绝不是负责任的父亲所为。

那一定是妈妈错了？也不一定。作为母亲，身处这样的时代，有太多社会的压力，亦有太多的期望和憧憬，望子成龙上天，生怕成蛇钻草这是做母亲的最大心愿，因此她们也会有情绪不好甚至失控的时候。如果再加上良好家庭教育方法的缺失，夫妻间难免会因为孩子产生争吵与冷战，所以也不能全都怪她，家里家外，有老有小，她也不容易。

因此我建议你不必太在意谁对谁错，更多的是把握好你自己。你大可不必对自己产生怀疑，把父母的争吵、冷战都归咎于你，自我牵连，这不公平，也不可取，那不是你的错，你不该承担，也无须自责，你要做的依然是认真努力，踏实勤奋，百尺竿头，更进一步。在此我更想提醒你的爸爸妈妈，你们的孩子很优秀，也很在意你们对他（她）的态度，也希望你们能理解尊重孩子的感受。孩子的世界很小，也很单纯，他们的要求也不高，他们需要一个和谐快乐的家，在他们成功的时候盼望见到父母的笑脸和鼓励，感受亲情的美好；如果不小心失败了，他们更渴望强大的你们在背后的谅解和支持，让他们放下包袱，轻装前进，而不是指责、呵斥，损伤他们的自尊心。你们有压力、有情绪、有烦恼，但在弱小的孩子面前，请你们温柔一些，耐心一点，因为你们的孩子也会有烦恼，他们涉世未深，更不懂得排解和宣泄，他们也许比你们想象的更脆弱、更无助、更孤独，那么请多关注你孩子的感受吧，也学学换位思考：如果你是孩子，你希望遇到怎样的父母？如果你带着喜悦或是满怀失望回到家里，你希望父母给你什么？要知道过和谐的日子比过富裕的日子幸福，怀着爱心吃菜比怀着恨吃肉幸福，而幸福就在这平凡生活的点点滴滴中，在每一个细小目标的达成和实现中，如果你们能体会并持之以恒地做下去，你的孩子会更幸福、快乐、健康，而这不正是我们做父母的所期待的吗？

发表于《学生新报》2012 年第 5 期

好习惯终身受益

有位名人说过这样一句话：“坏习惯是在不知不觉中形成的。”我觉得这句话很有道理，值得我们深思。

在我们的日常生活当中，每个人或多或少都有一些坏习惯。有的同学不爱理发，头发很长、很乱，常常一周才洗一次头；有的洗脸时随随便便，只用手巾胡乱抹一把，却不洗脖子和耳朵背后，马虎了事；有的不爱刷牙，也不喜欢剪指甲；有的经常用手挖鼻孔、掏耳朵眼儿，等等。这些坏习惯都有很大的危害性。

就拿我们的双手来说吧！每天我们的双手都要和外界许许多多的东西接触，而据有关资料说，人的每一只手上大约附着有40多万个细菌，这多可怕呀！如果我们不注意手部的清洁卫生，那后果不堪设想。可是我们中的一些同学一有空闲就爱挖鼻孔、揉眼睛、咬指甲，并且经常不洗手就拿东西吃，这时，手上的细菌就可能乘虚而入，引起拉肚子、腹痛、肠胃炎等疾病。

再说刷牙吧，现在很多同学经常牙疼，有虫牙、口臭等毛病，这都是乱吃零食，不讲究口腔保健、不爱刷牙造成的，等发现牙齿有毛病再去看医生时，已经晚了，只好让牙医重新修补，既浪费了钱财，又增加了痛苦，还不如及早养成早晚按时刷牙、饭后漱口的好习惯。所以，讲究卫生习惯的养成对我们每个人的健康都非常重要。

除此之外，诸如良好的学习习惯、行为道德习惯等对我们也是同等的重要，对我们的一生都有很大的影响。那么，怎样改掉坏习惯，养成好习惯呢？这就需要我们从小事做起，从一点一滴做起，从现在做起。我想首先是要从心理上认识到养成良好习惯的重要性。特别是通过看一些有关方面的书籍，听一些故事来加深认识。其次是自己要确定习惯，培养目标。什么应该做，什么不应该做，应从目标培养开始。第三是要学习榜样，特别是身边好的典型，追随他们的脚步。四是进行持久的训练。养成好习惯需要三星期，关键看你有没有毅力和恒心。五是让别人提醒、监督自己。同学们有时自己控制不住自己，应让老师、同学、家长监督自己，强迫自己，同时自己也应学会反思，每天总结自己培养习惯的进步和不足，时刻给自己树立自信心。有了这 5 个步骤，你若认真实践，我相信你一定会很快养成好习惯的。

总之，对坏习惯，我们决不能掉以轻心，不以为然，要认真对待，要充分认识到它的危害性，并通过向家长、老师、同学请教，向书本学习，上网查阅有关资料等途径，获得正确的方法，逐渐改掉这些影响我们健康成长的坏习惯，养成良好的行为习惯。好习惯一旦养成，它会陪伴我们一生，使我们受益无穷，能让我们勤奋努力，健康成长，更愉快地投入到我们的学习生活中，让爸爸妈妈放心，让领导老师放心。

好习惯受益终身。愿你拥有越来越多的好习惯，永远健康快乐！

将好人好事进行到底

> 朱老师：
>
> 我遇到一件烦恼的事，想向您请教。我是一个很听话的孩子，在班上很受老师的器重，还让我当了班长。我也经常按老师的要求认真做好同学们的表率，关心集体，带头多做好人好事。可我的好心却并没有得到好报，有的同学打击讽刺我，说我假积极，出风头，我妈妈也说雷锋精神过时了，让我不要多管班上的事，专心致志把学习搞好，考上重点中学。我为此感到很委屈，难道我做错了吗？
>
> 六年级学生：佳　佳

佳佳同学：

你好！

首先朱老师要大声地告诉你：你没有做错！你做得很好！！我们都要向你学习！！！你是一个好班长，听老师的话，热爱集体，勇于承担责任，身先士卒做表率，这是一个优秀学生必备的品质，如果你能始终不渝地坚持下去，日久天长，你一定会成为一个受老师爱戴、同学敬重、父母喜爱的好少年、好青年、好公民。

当然，每个优秀学生的成长并不是一帆风顺的，你目前就遇到了小小的难题，有的学生不理解你，母亲也对你有意见，使你很委屈，受伤害，我也很理解你此时的心情。但我要用但丁的一句名言来鼓励你：“走自己的路，让别人去说吧！”因为你是做正确的事，正确地做事，是为集体，为他人，也为自己尽职尽责，用自己微薄的力量，有一分热，发一分光，为和谐校园、和谐社会增光添彩。像你这样的人现在不是太多，而是太少了。如果你们班上有10个、20个、30个甚至更多，你们班级将绝对是一个优秀的群体，如果你们学校每一个班都能这样，你们的学校将成为学生快乐成长的乐园。因为我们这个时代太需要大量这样的学校、这样的班级和这样的学生了。

别和那些喜欢打击讽刺、发牢骚、讲怪话的同学一般见识，因为他们还不具备你这样的优秀品质，他们还沉醉在自我偷懒的温馨小屋里呼呼大睡，以为占到了便宜，其实他们失去了锻炼成长的大好时机，他们的人生注定会错过很多亮丽的风景。也别过分在意母亲的指责，作为学生，搞好学习是应该的、必须的，但书本知识学好就能代表一切吗？我觉得不尽然，健康的体质、良好的心态、美好的心灵、高尚的情操更重要，它会让你从优秀走向卓越，更适合未来社会对你们青年学生的需求。

至于你妈妈说的“雷锋精神过时了”的话，我不敢苟同。我认为雷锋作为一名普通的解放军战士，尽管离开我们已经50年了，但他那种信念坚定、艰苦朴素、公而忘私、乐于助人的精神，却永不会过时。也许雷锋是渺小的、平凡的，他做的事也极为普通，只不过是背小同学过桥，为丢车票的妇女买票，冒雨送带着孩子的妇女回家，带病到建筑工地劳动，把千辛万苦积攒起来的钱送到灾区等简单事、平凡事。但我认为能把简单的事做好就是不简单，把平凡的事做好就是不平凡，如果我们的社会有更多的人像雷锋一样充满爱心，把好人好事做实、做真，我们的世界将变成美好的人间。因为在雷锋身上所体现的不仅是革命战士所具备的优秀品质，更体现了中华民族的传统美德，雷锋精神也已经成为人类美好情操的代名词。正因为如此，毛泽东主席才会为一个普通战士亲笔题词，发出了“向雷锋同志学习”的号召。每年的3月5日成为“学雷锋纪念日”并一直延续到今天，“雷锋出差一千里，好事做了一火车”“我要把有限的生命投入到无限的为人民服务之中去”等脍炙人口的事迹和名言能流传到今天，这充分说明了雷锋的精神价值、社会价值和道德价值是何等的弥足珍贵。

今年恰逢雷锋叔叔逝世50周年纪念，党和政府又重新发出“践行雷锋精神”的号召，相信《学习雷锋好榜样》那雄壮激越的歌声将再次唱响大江南北、长城内外，鼓舞青少年学生把雷锋精神代代传扬。所以你的做法将会受到越来越多的同学的认可和敬重，我们都该向你学习、致敬！

发表于《学生新报》2012年第3期

电脑伙伴——想说爱你不容易

“

亲爱的朱老师：

您好！

我今天主要是想向您咨询一个问题。几年前，我家买了一台电脑，爸爸妈妈对我上网的时间管得很严，有时甚至不许上，看到别的小朋友可以玩电脑，我羡慕极了，可我还是忍了。之后，我家店铺里也有了一台电脑，但我仍是被管得严严的。一次，我的一个朋友来找我玩，刚好我不在，他就玩起电脑来，爸爸看见也像没看见一样。这时我看见了这一幕。我还是忍了！更让我感到心里不平衡的是，我那个朋友家最近也买了电脑，他父母对他却放得比较宽，基本属于想玩就玩。按理说我成绩比他还好，自制力也不差，为什么他却比我好得多？我觉得很不公平，希望您能帮我解决这个问题，在这里我先谢谢您了。

祝您：

身体健康！工作顺利！

学生：王晓东

”

晓东同学：

你好！

看了你的问题，我能体会你的感受，也为你感到委屈，甚至有点愤愤不平，都进入了信息时代，还那么严防死守，真是“人比人，气死人”呀！但我想你的爸爸妈妈之所以这样做肯定是有原因的。

感觉得出，你是个很听话的孩子。家里有电脑却不能玩，尽管羡慕却能够不吵不闹，一忍再忍，难能可贵，说明你很有自制力；再者，你有着对自己的客观评价和明确判断，坦言自己的成绩不错，自制力也不差，表现得很有自信心；其三是你处理问题的方法很令我欣喜，尽管你觉得爸爸妈妈对你不公平，你心里不平衡，却还能够平心静气、真诚地和我交流探讨，寻找解决问题的途径和方法，这是最最令我感动的，说明你看问题的角度和方法已经逐渐开始成熟，你长大了。

尽管我能理解你，也欣赏你，但还是想知道你是否想过爸爸妈妈为何要这样做？是什么让他们如此蛮横地剥夺了你的兴趣爱好？他们是怎样想的？其实，所有的父母都想让自己的孩子开心、快乐，尽情享受生活的乐趣，但他们也知道“少壮不努力，老大徒伤悲”的古训，生怕“养不教，父之过”，没有切实担负起做父母的责任，耽误了你的学习时光，今后没有真本事，就不能很好地迎接未来的挑战。所以他们爱之深，才管之切，我理解其实是他们对你充满了更多的期待。再说了，现在很多关于孩子沉溺网络、害人害己的负面报道，也使得很多父母谈“网”色变，以至于采用禁止孩子上网这种极端的方式来控制，其实也是无可奈何之举。说实话，他们也不容易，也很辛苦，每天起早贪黑日夜奔忙，既要养家糊口，还要提心吊胆地为你的未来担惊受怕，真难为他们了。希望你能学会换位思考，站在你父母的角度考虑一下，就能理解这是他们对你负责，真心疼你、爱你的表达方式，不要记恨他们。

另外我也想提醒你，是不是你平时对电脑的痴迷让父母很受伤、很担心，怕你耽误学习，影响身体，所以他们才如此这般，对你严格要求。这就需要你首先从改变自身的一些不良习惯做起，让你的父母切身感受到你的变化，如利用上网多做些查资料、做练习、读书、丰富各类知识等有益的事，让电脑成为你学习的好帮手，尽量少玩游戏，更不要在网上聊天、乱交朋友等。其次你也要和爸爸妈妈坦诚沟通交流，把你的苦恼、想法、承诺告诉他们并付诸实践，让他们明白你不会耽误学习，一定会用优异的成绩来回报父母的养育之恩，消除他们的后顾之忧，不要让他们对你产生怀疑、失望，而是让他们放心、顺心、开心。

至于你父母对别的孩子过于容忍，你也要想开一些，他们是你的朋友，做父母的自然要维护你的面子，不让你在同学面前难堪。再说了，自己养的自己教，你朋友自有他的父母管，你父母对他们没有教育的义务和责任，因此不要责怪他们的偏心。况且各家与各家的情况不同，各自的教育方式、对孩子未来的期待也不一样，不要老拿自己和别人比，说不定你朋友的父母正被孩子的网瘾搞得焦头烂额，无处诉说，还在羡慕你呢。

总之，电脑是个好东西，善于使用它，它会给你带来别样的精彩，为你锦上添花，雪中送炭。但如果痴迷上瘾，玩物丧志，它会让你误入歧途，难以自拔，所以你要慎之又慎！

发表于《学生新报》2011 年第 8 期

别让手机牵住心

“

朱老师，班上好多同学都有手机了，可我妈妈就是不买给我，我很郁闷，甚至愤恨，您说我该怎么办？

佩　文

”

佩文同学：

你好！

真没想到一个小小的手机，会让你如此烦恼，愤愤不已。其实我知道你很想要，很希望像其他同学一样拥有，这很正常。但妈妈不买肯定也是有原因的，或许是家庭经济不允许，或者是怕你玩手机上瘾，影响学习等，总之你要学会区别对待。

不是每一个家庭都富有，也不是每一个孩子都应有手机。手机作为一种通信联络工具，的确丰富了我们的生活，给人们的日常沟通交流带来了方便，但它毕竟是一种消费品，要和家庭经济状况相吻合。如果家里并不富裕，爸爸妈妈挣钱很辛苦，我们也不要和别人比吃比穿比享受，买手机要钱，每个月的话费也要钱，那会给家里带来更多的困难。穷人的孩子早当家，做儿女的也要学着体谅大人挣钱的艰辛，学会理解父母，体贴父母，千万不要为了所谓的面子、气派，打肿脸充胖子，让家里雪上加霜，让父母忧愁烦恼，这是很不必要的。

当然，如果家庭经济状况允许，父母为了联系方便也愿意买，那另当别论，但也不能随心所欲，放任自流。首先要按学校的规定行事，不准带就坚决不带，带去了上课时必须关机，有事可以请老师帮联系，或是打公用电话。其次是限制手机的使用功能，一般只用来接、打电话，发发短信，千万不要用手机上网、看电视、玩游戏，很多人沉湎于其中不能自拔，迷恋手机上瘾，这会严重影响到学习和生活，因此要坚决制止。还有就是买的手机不要太贵、太时髦，一方面不小心丢失很心疼、很可惜，另一方面说不定会成为别人眼红的对象，弄不好会引来小地痞拔毛，对你进行敲诈勒索，千万不要为了虚荣、摆样子而遭受无妄之灾。同时还要注意养成良好的手机使用习惯，比如说每个月、每天限制使用的时间、地点、费用，不要无时无地，无拘无束；做作业、晚上睡觉时要关机，做作业时不许让同学发答案照抄照搬，不在别人休息时间打电话、发短信，不转发黄色短信，不在马路上边走边接打电话，等等。

总之，随着慢慢长大，你们也要学会思考，不能只考虑自己的感受，也要学会站在父母的角度来思考问题。目前你们还小，好奇心、好胜心强，但意志力薄弱，自制力不够，很容易受到外来人或事的影响，如果把心思过多地放在手机、电脑等方面，势必会影响到你的学习、成长，那就本末倒置，因小失大了，因此现阶段我的希望是：专心致志抓学习，别让手机牵住心。

发表于《学生新报》2012 年第 10 期

手机依赖何时了？

朱老师，几年前我看过你写的《别让手机牵住心》，给我很多启示。但最近我的孩子手机成瘾特别厉害，要么玩游戏，要么看视频，要么发微信，只要手机不在手，他就魂不守舍。我发火、责备、限制，但还是无济于事，只能求助于你。

一个无奈的母亲

这位烦恼的妈妈：

你好！

最近我也接到很多家长的来信，都谈到了孩子手机成瘾的问题。的确，在学校、家里、商场，甚至走在大马路上，只要能看到有学生的地方，就能看到学生们人手一部手机，有的甚至和家长争吵、抢夺，就连四五岁的孩子，一拿起手机就放不下来。手机，俨然成了现代学生们一个必不可少的用品，每日使用手机的时间越来越多，手机成瘾越来越普遍，家长们担心、焦心、烦心也就在所难免。

其实我在咨询中发现，孩子对手机的依赖和我们父母有很大的关系。现代社会是信息时代，手机的使用已经是普遍现象，要让孩子不用手机，也是不可能的事；但也不能因此就不加约束，放任自流，父母们在指导孩子使用手机时“宜疏不宜堵”，最好能做到“既不严防死守，也不听其自然，更要因势利导”。以下一些方法或许对你有用。

一是我们父母要多花时间陪伴孩子。现在独生子女居多，缺少玩伴，很容易导致孩子心灵上产生孤独感，孩子们在“无所事事”的情况下，就会“无事生非”，用手机来填充自己的空余生活，来寻找自己的快乐。所以父母应该毫不吝啬地多花时间来陪伴、关爱自己的孩子，多倾听孩子的心声，分散、转移孩子的注意力，利用业余时间多和孩子交心、谈心，了解孩子的所见所闻和所需所求，多疏导孩子的情绪，用亲情来启发诱导，这样孩子就容易转移自己的兴趣爱好，少以手机为伴。

二是父母要多为孩子安排丰富多彩的活动，减少对手机的依赖。比如春天来了，周末就可以带孩子外出踏踏青，多与大自然接触；也可带孩子到书店、图书馆看看书报，感受一下书香氛围；还可以陪孩子打打球，锻炼一下身体，等等。这些都是比较健康、积极的活动，会对孩子们的身心发展有很大好处。

三是我们家长平常使用手机应当以身作则，做出表率。我们常说父母是孩子的镜子，你做什么他就学什么，还有的家长忙手上的活儿，没空搭理孩子，为了省心，还主动让孩子玩手机，这更是无形中助长了孩子玩手机成瘾。试想一下，如果大人本身都难以控制做“低头一族”，怎么能要求孩子做好呢？如果父母经常在家里打电话、发短信、玩微信，或者打游戏、看电影，多半孩子也会对手机产生兴趣并希望从中获得满足。所以要求孩子做到的，自己首先要做到，家长们只有自己做好了，孩子看在眼里，记在心上，也才能做好。

四是平时做父母的也要多了解孩子们使用手机时，到底在玩些什么，看些什么，注意合理区分，这样才能更好地指导孩子使用手机。如果玩的是一些益智游戏、查资料、听音乐等，这些都是积极健康的，可以支持。但如果孩子玩手机已经严重地影响到自己的学习生活（比如作息混乱）或者身体健康（比如说视力等），就要严格限制。如果是涉及暴力、黄色内容，那就要坚决制止，毫不让步。

发表于《学生新报》2016 年第 6 期

过一个愉快而有意义的生日

> 朱老师，马上就到我的生日了，家里人也准备为我好好庆祝一下，但我不想像往年一样过得单调贫乏，或是像其他同学那样只是“撮一顿”，希望我今年的生日过得有点纪念意义，想请您帮我出个主意。
>
> 喜欢您的学生：朱小杰

小杰同学：

你好！

首先朱老师要祝你身体健康，学习进步，生日快乐！生日是一个人重要的纪念日，无论是大人，还是小孩，每逢生日，即使再忙，也会庆祝一番，这是人之常情，也符合咱们中国人的传统习俗。可如今在中小学生中盛行的生日庆祝里，有一种乱花钱、消费攀比的现象，从一定程度上妨碍了心理的健康发展。是呀，在“搓一顿”“KTV”的欢声笑语过后，给人们留下了更多的深思：到底该怎么过生日才更有意义呢？

首先我认为是注意观念的改变。一些家长、孩子认为过生日越隆重越好，因此大摆生日宴请客，这其实是引导了孩子对物质消费的错误认识，形成消费观念上的偏差，会影响到将来正确的价值观的形成。小学生过生日是很正常的，但是要把握过生日的方式，不恰当的方式会造成同学之间的攀比，造成铺张浪费，如果年年要求过，排场越来越大，要求越来越高、越来越过份，这会助长孩子的虚荣心，对孩子的成长没有什么好处。

其次是注意勤俭节约。小学生过生日应当简朴，不宜铺张浪费，大手大脚地花钱，要知道钱都是父母挣的。尤其不要搞大规模的同学生日聚会，规模越大，参与的同学越多，时间、金钱上花费越多，攀比的可能性也就越大。同时也不提倡同学之间互送花钱购买的生日礼物，尤其是贵重的生日礼物，我们中国人的传统是“千里送鹅毛，礼轻人意重”，表达美好的生日祝愿才是最重要的。如果过分注重“礼尚往来”，则会给一些家庭困难的同学造成紧张、焦虑、自卑、羞愧等心理压力，就失去了过生日的意义。

第三是新颖有趣，留下珍贵的记忆。学生时代若能在过生日这天做一些特殊的、有意义的事，那才更快乐，更值得纪念。日本动画片中的樱桃小丸子会在她的生日那天送给亲人们一些“生日免费服务券”，比如送给妈妈免费洗碗券，送给爷爷免费捶背券等做法让我们记忆犹新。我们其实也可以像小丸子那样为平日里爱护我们、关心我们的人做一些力所能及的事情。或者用过生日省下来的钱帮助贫困地区的小伙伴们上学，可以和家人一起去种一棵“成长之树”，或是到敬老院看望孤寡老人，参加公益活动、义务劳动等社会实践。从小培养自己关心社会和他人的意识，让自己的生日过得更有意义。

还有一点需要特别强调，我们一定要理解生日的意义。生日既是你的出生之日，实际上也是母亲的受难日，“儿的生日娘受苦”，多年前的今天，正是母亲满含着泪水、血水，甚至冒着生命的危险把我们带到人世中来，一把屎一把尿，含辛茹苦地把我们拉扯大十分不容易，所以一定要懂得感恩父母，感受亲情。

小杰同学，每一个生日都标志着我们又长大了一岁，渐渐地应该更成熟起来，懂事起来，“年年岁岁花相似，岁岁年年人不同”，经过你的认真思考和精心设计，我相信你今年的生日将别有一番风味和特点，我等着分享你的好消息。

发表于《学生新报》2015 年第 7 期

怎样合理使用压岁钱

刚开学，（五）二班的同学们便三五成群地聚在一起，兴奋地谈起春节的感受：吃了些什么？到哪里玩儿？得了多少压岁钱？想怎样花费？一时间好不热闹。朱老师见此情景，便在开学的第一天开了个主题班会，题目就是“怎样合理使用压岁钱”。

朱老师先饶有趣味地给同学们讲述了《压岁钱的传说》，接着话题一转，语重心长地说道：“给孩子发放压岁钱，是咱们中国人的一项悠久传统，表达了共度佳节、喜庆热闹的意思，体现了长辈对晚辈的关爱和祈盼，但我们应该怎样合理地使用压岁钱呢？”

一石激起千重浪，教室里顿时烧开了锅，一下子热闹起来。大家各抒己见，互不相让，纷纷亮出了自己的“金点子”。

“我认为压岁钱是我自己的合理收入，应该由我们自己支配，吃吃肯德鸡、麦当劳，大人不应该占为己有，这不公平。”胖乎乎的调皮大王小明的话博得了一片掌声，原来刚过完年，他的压岁钱都被妈妈都收回去了，说帮他存着，其实每年都进了大人们的腰包。

“我觉得压岁钱可以由大人监管，现在的压岁钱越来越多，家长是担心我们把钱都花在卖零食、打游戏和上网吧上，如果放任不管，肆意挥霍，肯定会使我们养成大手大脚乱花钱的坏习惯。”学习委员小丽的话尽管不无道理，但几个男生还是嘘声四起。

“我认为我们可以在父母的指导下，自己学会理财，比如说存入银行、建立一个消费小账本，制定简单的开销计划，添置学习用品、购买课外读物，用压岁钱交书费、学费，把钱花在该花的地方，做到科学消费，‘自食其力’，合理支配压岁钱。”真不愧是生活委员，王丽娜井井有条的“理财计划”让大家打心眼里佩服。

“今年过年的时候我收到了200元压岁钱，妈妈让我自己留着花，我没舍得用。前几天，我用这些钱给妈妈买了一件衣服。妈妈在一家医院做清洁工，一个月的收入才500多元，平时总舍不得给自己买东西。妈妈收到礼物的时候激动地哭了，我

觉得自己的压岁钱花得很有意义。”来自农村的张晓蒙的一番话让教室顿时沉寂了下来。

“今年我们云南遭遇了60年未遇的特大旱灾，我们从电视里看到很多地方连人的吃水也成了问题，不少地方还出现了火灾，我建议大家不要乱花压岁钱，集中起来捐给灾区修建水窖，帮助他们抗旱救灾，渡过难关。”毕竟是班长，李海星的一番话让同学们激动起来，纷纷准备捐出自己的压岁钱，表达爱心……

听着孩子们争先恐后的发言，看着孩子们激动不已地捐款，朱老师的眼睛湿润了，她知道孩子们献出的不仅仅是压岁钱，而是一颗颗金子般的心。

同学，你又是怎样使用你的压岁钱的呢？

[知识链接]

压岁钱的传说

古时候有一种身黑手白的小妖，名字叫“祟”，每年的年三十夜里出来害人。它用手在熟睡的孩子头上摸三下，孩子吓得哭起来，然后就发烧，讲呓语而从此得病，几天后热退病去，但是聪明机灵的孩子却变成了痴呆疯癫的傻子了。人们怕祟来害孩子，就点亮灯火团坐不睡，称为“守祟”。

在嘉兴府有一户姓管的人家，夫妻俩老年得子，视为掌上明珠。到了年三十夜晚，他们怕祟来害孩子，就逼着孩子玩儿。孩子用红纸包了8枚铜钱，拆开包上，包上又拆开，一直玩儿到睡下，包着的8枚铜钱就放到枕头边。夫妻俩不敢合眼，挨着孩子长夜守祟。半夜里，一阵风吹开了房门，吹灭了灯火，黑矮的小妖用它的白手摸孩子的头时，孩子的枕边迸裂出一道亮光，祟急忙缩回手尖叫着逃跑了。夫妻俩把用红纸包8枚铜钱吓退祟的事情告诉了大家。大家也都学着在年夜饭后用红纸包上8枚铜钱交给孩子放在枕边，果然以后祟就再也不敢来害小孩子了。原来，这8枚铜钱是由八仙变的，在暗中帮助孩子把祟吓退，因而，人们把这钱叫“压祟钱”。又因“祟”与“岁”谐音，随着岁月的流逝而被称为“压岁钱”了，它不仅包含着长辈希望孩子一年平安的祝愿，更表达了长辈对孩子成长的关爱和期盼，体现了长辈和孩子之间、亲戚朋友同事之间一种浓浓的亲情和友情。

发表于《学生新报》2010年第1期

勤学是立身之本

经常有家长咨询学生懒惰、拖沓、磨蹭等问题，觉得现在的学生不珍惜时间，贪图享受，好吃懒做，缺乏责任心；也常有学生抱怨父母催得过紧，逼得过急，要求太高，不体谅孩子的辛苦。真是“公说公有理，婆说理更多”，且都是一副苦大仇深、被逼无奈的样子，看起来很难调和，说到底，无外乎孩子缺乏吃苦耐劳的勤学精神，父母望子成龙期望值过高带来的矛盾。

说到勤学，就想到古人说的很多至理名言：“书山有路勤为径，学海无涯苦作舟”“日省而臻至善，勤学以明万理”“业精于勤荒于嬉，行成于思毁于随”“成由勤俭败由奢”“勤能补拙”“天道酬勤”等，其实就清楚地告诫我们自小一定要勤学苦练，长大方能有所成就。不管什么时代，人生在世，一定要有所专长和建树，方能受人尊重。所以说，勤学是立身之本，不勤学，一辈子都不得安宁，一辈子都受辱。

勤学一定要趁早。小时候精力旺盛，心无旁骛，专心致志，读过的书，背过的诗词歌赋记得很牢，轻易不会忘掉。长大后虽说理解能力增强，但要想记住、背牢就太难了，所以才有“白发不知勤学早，到老方悔读书迟”的感慨。

勤学一定要有毅力。学习最怕的是浅尝辄止，轻易放弃，如果不能持之以恒，常常导致为山九仞，功亏一篑。古时孙敬用绳子把头发拴在房梁赶走疲惫，苏秦用锥子刺大腿防瞌睡，孙康借助雪地里的光夜读诗书，车胤用袋子收集萤火虫用来照明读书，这些都是家喻户晓的勤学故事，曾鼓励了很多人立志苦读，奋发有为，对我们今天也有一定的教育意义。

勤学一定要讲究方法。成功的人都是勤奋努力的，但勤奋的人不一定都会成功，其中就有学习方法的问题。《尚书》上说，只有喜爱提问的人才能获得更多的知识；《礼记》上也说，独自学习而不与朋友共同商榷，就会孤陋寡闻；“世事洞明皆学问，人情练达即文章”提醒我们只要学会观察、思考都可以有所得；“行万里路，读万卷书”告诫我们理论和实践要有机结合……这些其实都是勤学的好方法，值得我们细心体会。

青春易逝，学海无涯，学问无处不在，勤学在所难免。所以奉劝我们的孩子一定要珍惜时光，善自珍重，在该吃苦的年龄努力打基础、练本领、长知识，将来才能有所作为。

发表于《学生新报》2014 年第 9 期

让优秀成为一种习惯

> 朱老师，我的成绩一直都不怎么好，老徘徊在班上的中下游，为这，没少挨大人的责骂，多羡慕那些成绩好的优生呀！现在马上升六年级，明年就要参加小升初了，我很着急，请您帮我出出主意。
>
> 学生：宋明敏

明敏同学：

你好！

能急就是好事，说明你在乎，如果你像“温水青蛙”一样无所谓，那我才是真为你着急呢！但光着急也不行，还得想些切实可行的办法来补救，所以我给你提出以下建议。

一、上课要认真听老师讲，学会抓重点。这虽然是老生常谈，但不是每个人都能做到。上课时注意力一定要集中，眼睛看着老师手指的地方，耳朵里注意听老师的每一句话，尤其是老师特别强调的问题、板书上的要点和重点，都要听仔细，听清楚。只有紧跟着老师的指导思路，积极参与课堂讨论、互动，学会抓重点，才能有所侧重，有的放矢，避免头发胡子一把抓，西瓜芝麻都要捡，有效提高课堂听课的效率。

二、课后认真对待作业，注意讲求质量而非速度、数量。作业是对当天学习内容最好的检测，通过做作业，可以了解自己掌握知识的真实情况，以便及时纠错、整理，对容易出错的知识点进行强化，减少同类错误的再次发生，此外还可以举一反三进行拓展。但要注意别贪快赶速度，贪多求数量，要知道欲速则不达，做作业的速度并不与成绩好坏成正比，成绩好的同学一般做作业都稳扎稳打，速度并不快，他们更讲求质量而非速度和数量。

三、根据自己的实际需求选择课外辅导班。一般来说周末应该好好休息放松，调整身心，但如果条件允许又有必要的话，选择课外辅导也很不错。但一定要注意两个原则：一是要有兴趣，兴趣是最好的老师，对自己感兴趣的东西再苦再累也值得，也能坚持；二是查缺补漏，要找到自己的短板、不足之处，差哪里补哪里，最大限度地提高自己薄弱科目的成绩。一定不要贪多求全，面面俱到，否则会形成依赖，上课不专心，周末乱补课，得不偿失，费时费力费钱。

四、注重自学提高，不断拓展知识面。学习不单纯只是在课堂上，也在生活中、社会上，有副对联说得好：“世事洞明皆学问，人情练达即文章。”陶行知先生也提倡“生活即教育”，的确如此。因此，要想提高自己的综合素养，仅仅只满足于书本知识是远远不够的，需要在课余时间进行拓展学习。理科学习时要灵活变通，掌握方法，不必拘泥不化，照抄照搬；文科学习中应多读书，读好书，学会圈点勾画，做点笔记，写写读后感、日记之类，不断增加词汇量，掌握语法知识，加强对文章的理解等。

“成功就是简单的事情反复做。”宋明敏同学，提高学习成绩的方法很多，但关键在于持之以恒，专心致志，永不言败，就看你能不能始终如一，从小事做起，从点滴做起，养成并保持好的学习习惯。相信你在老师的谆谆教导和父母的鼓励支持下，通过自己不懈的努力，新学期学习上一定会有很大起色的。

发表于《学生新报》2015 年第 8 期

兴趣——助你成功的金钥匙

朱老师，我今年才上五年级，都说兴趣是最好的老师，可我对学习的兴趣是越来越淡，以至于父母责怪，老师批评，同学白眼，让我很痛苦。我真想快快长大，早日离开学校，我该怎么办？

一个急需帮助的学生：小　李

小李同学：

你好！

感谢你的来信，我能真切地感受到你此时的烦恼与痛苦，但要马上离开学校那是不现实的，你逃避不了，因此我还是想借此机会和你聊一聊关于兴趣培养的话题。

首先要知道何为兴趣？兴趣，也称兴致、兴味，通常指对某事物喜好或关切的情绪。兴趣可以使人集中注意力，产生愉快紧张的心理感受。科学家曾做过这样的研究，一个人做他感兴趣的工作，他的全部才能可以发挥80%以上，做不感兴趣的工作，只能发挥20%，小学生的学习活动也如此。由此可见，兴趣影响着一个人的智力发挥和未来的成就。那要怎样培养兴趣呢？我建议你从以下几方面来努力。

一是认真分析查找，理清思路。要静下心来想一想你平常对哪几门学科不感兴趣还是全部都不喜欢？不喜欢的原因是什么？是否一直都不喜欢？事实上很多同学都只是对其中的一两个科目产生畏惧心理，却一叶障目、以偏概全地过分夸大到全

部，以至于全盘否定，这是不客观的。理清思路以后，就可以消除心理障碍，做到心中有数，然后再对症下药、有的放矢地进行补救，最终才会药到病除。

二是多参加各种学习活动，培养自己的动手能力和兴趣。现在全社会都提倡素质教育，特别是走进新课程之后，思考、合作、探究的机会越来越多，各学校课堂内外的活动开展得如火如荼、丰富多彩，大大激发了学生求知的欲望。大家都希望能够亲自动脑、动口、动手，“尝一尝梨子的滋味”，有机会展示自己的水平、能力、素养，看到活动的成果，体会成功的快乐。所以，你要多参加这样的实践，千万别作壁上观，当看客，只有深入其中，你才会有成功的体验，久而久之兴趣也会油然而生。

三是多和老师、家长交流探讨，逐步培养良好兴趣。“兴趣是最好的老师”，但兴趣不是生来就有的，需要循序渐进地加以培养，这就需要有老师、家长正确的引导、指导。从古到今之所以有“书香门第”“梨园世家”，都是长期培养、熏陶的结果。如果师长们能经常利用自己丰富的知识和经验为你们指点迷津，保驾护航，相信一定能对你们的良好兴趣起到潜移默化、润物无声的作用。

最后要提醒的是有了兴趣还得贵在坚持，千万不能烧松毛火，三天打鱼，两天晒网，要知道成功就是简单的事反复做，就是矢志不渝，永不言败才会有收效。

发表于《学生新报》2012 年第 8 期

有志者，事竟成

“

朱老师，我最近烦得很，从小到大我都和妈妈生活在外公、外婆家，任何事都不用我操心。爸爸是个军官，常年不在家，一回家就老说我胸无大志，不堪造就，并预言我长大后不会成器，所以我不想理他，您说我该怎么办？

信任你的小米（四年级）

”

小米同学：

你好！

我理解你的苦恼，其实我知道你这种年龄是很希望做军人的爸爸经常陪你，只不过他的要求有点高，说的话让你难堪，你才故意这样说的，是吧？

很羡慕你从小生活在老人的呵护之下，衣食无忧，生活优越，比很多同龄孩子享受了太多舒适的物质生活。但平时如果不注意培养自己的独立思维和目标意识，这样的生活正如同“温水煮青蛙”，有时对自己反而是一种伤害。人要想生活得有意义、有价值，关键是要有一个明确的目标和方向，所以你爸对你的担心是正常的。

在每个人的成长过程中，目标犹如灯塔，失去了它，就会迷失方向，随波逐流，误入歧途，没有目标的牵引，生活就变成了纯粹满足生理需要的混日子。古人常说：“有志者，事竟成。”就是说，只要有明确的奋斗目标，就会有非凡的成就，“有什么样的目标就有什么样的人生”。因此目标是我们不断前进、实现人生价值的不竭动力，有了它我们就会感到肩上的责任，就会有一种神圣感和使命感，就能使人集中精力，不会随意浪费时间，最终无所事事，甚至无事生非。

至于怎么做，我倒觉得你可以通过以下一些方面来努力。

一是目标的选择和制定要符合你自身的需求，真正是你自己的选择。这就需要在老师和家长的帮助下认识和了解自己的兴趣、爱好和能力，比如说你喜欢做什么？有些什么特长？最想在哪些方面有所发展和突破？常言道：兴趣是最好的老师。做自己喜欢的事会聚精会神，专心致志，事半功倍。如果违背了自己的心意和特长去做，就去感到受人所迫、强人所难，变成了应付的机器，体验不到乐趣，没有成就感，事倍功半，时间一长就会失去兴趣。

二是目标要具体化，可操作，跳一跳能达到。志存高远更要脚踏实地，远大的目标往往要从具体可行的小目标开始，从养成良好的小习惯、做小事开始。小目标实现了，体验到了成功的愉悦，形成了良性循环后，就会在积极的心理暗示之下，不断努力去追求下一个目标，慢慢地逐渐向总目标靠近，直到最终实现自己的理想。

三是要能吃苦耐劳，持之以恒。确立目标容易，实现目标却任重道远，这就需要有不经风雨，哪见彩虹的心理准备，有一定的抗压、抗挫折能力。要知道任何一件事的成功都不可能是一蹴而就，总要经历一些艰难曲折、雨雪风霜，“宝剑锋自磨砺出，梅花香自苦寒来”，其实成功就是简单的事反复做，就是矢志不渝，永不言败，就是爬起来比跌倒多那么一次。春华秋实，春种秋收，一分耕耘一分收获，伤痕累累的背后才可能硕果累累。

作为军人的后代，我相信你是一个有志气，不服输的孩子，也希望你用自己的言行真正去赢得你爸爸由衷的喜爱和赞美。

发表于《学生新报》2014 年第 8 期

别肆意浪费自己的聪明才智

“

朱老师，我有一件很苦恼的事。老师经常向家长告我的状，说我上课“坐不住”，扰乱课堂秩序，是问题学生，以致回家老挨骂。其实老师讲的我都懂，作业也会做，他们还在傻傻地听多可笑，所以就找点好玩的事做，反正闲着也是闲着。

小　松

”

小松同学：

你好！

从你的描述中可以看出你很聪明，很自信，在学习能力上有过人之处，是个好苗子，如果加意培养，说不定今后会出类拔萃，成为栋梁之材。但我认为即使再优秀的学生，也应该遵守和维护课堂秩序，不影响其他人，更不能嘲讽，这是对学生最起码的道德和纪律要求，否则在嘲笑别人的同时你也是在肆意浪费着自己的聪明才智呀。

宋朝文学家王安石有一篇文章叫《伤仲永》，说的是一个无师自通、会写诗的5岁神童方仲永，由于不注重后天的勤奋，最后天生的聪明消失殆尽变为常人的事，它告诉我们就算有再好的天赋，后天不努力学习，也是不够的，迟早会变得与常人无异。世界三大男高音歌唱家之一的多明戈年轻时就获得了一些成绩，于是就骄傲地不务正业了。一天他去医院看望一位身患绝症的朋友。朋友劝告他说：“眼前的这一点荣耀，与你的天赋相比是何等渺小啊！你这样放纵自己，其实是在浪费自己的生命……”朋友的诤言震撼了年轻的多明戈的心灵，他流着泪写下了这样一段话：“生命的短暂，对每一个放纵它的人来说都是始料不及的。如果我们过分注重或满足于一次小小的成功所带来的惊喜与荣誉，那只能束缚我们再次超越自己的手脚。而我眼前取得的荣誉，与曾经的梦想相比是何等的渺小，我必须重新挑战自己。”最后他获得了成功，与帕瓦罗蒂、卡雷拉斯并肩成为享誉国际乐坛的世界三大男高音歌唱家。

人的天赋可能不一样，但你也不能自鸣得意。上课时可跟着老师的思路走，即使老师讲的东西已经知道，你可以当作是对知识的一种复习、强化和巩固。如果真的不想听，你完全可以在完成老师布置的功课以后，根据自己的兴趣、爱好多涉猎一些课外的书籍，拓展自己的知识面，为将来的发展打下坚实的基础。但要注意的是绝对不能影响课堂秩序，要尊重老师的劳动和其他同学的学习，自觉营造和维护良好的教学气氛。必要时也可以和父母、老师进行坦诚的交流，把自己的真实情况告诉他们，得到他们的理解、支持和帮助，使自己有更多挖掘潜力的平台和机遇。

同时在这里我也想对老师和家长说，对孩子的教育不能等同于工厂的产品批量生产，也不能像修剪冬青一样整齐划一。对于一些有个性、“另类”的学生，不能随便贴上“问题学生”的标签，而应该多走进他们的心灵，多了解他们的实际需求，多给予一些理解、关注。采用多元化的教学和评价，因材施教，有的放矢，说不定今天的这些“问题学生”恰恰就是将来最有创造性、想象力的“奇才”。

小松，我期待着你给我们的惊喜！

发表于《学生新报》2014 年第 3 期

选择最适合的学校

“

朱老师，我今年六年级快要毕业了，爸妈希望我读最好的中学，因此每周末都送我参加校外补习，但他们意见不统一，爸爸希望我住校，妈妈建议我走读，可我怕考不取好学校，会让他们失望，我真苦恼极了，希望您能帮助我。

小　强

”

小强同学：

你好！

这段时间我也常接到这类信件，很多家长和孩子都为升学选择什么样的学校而烦恼。的确，父母望子成龙、望女成凤的心情可以理解，现在基本上是独生子女，家庭条件好了，都希望给孩子创造一个好的学习环境，选择一所好的学校，这本身没有错，但如果不考虑孩子的性格特点、自理能力、学习基础、家庭环境等因素，只是攀比学校的名气，考虑家长的方便，一厢情愿地高压，说不定会事与愿违、背道而驰。这里，我把自己的一些感受说出来，供你们全家谨慎思考。

一、要考虑孩子的生理、心理特点。孩子的年龄有大有小、心智成熟有早有晚，性格特点千差万别，自理、自控能力有强有弱。因此对于那些生理、心理不太成熟，自理、自控能力较弱的孩子，家长的帮助作用很大，就适宜就近入学，进行走读，以便于父母、家庭的有效管理与指导。如果不考虑孩子的实际情况，老人监管会过分溺爱，亲戚监管会过分迁就，老师监管会过于严格，孩子的成长就会有问题。而对那些性格好，成熟早，自理、自控能力强的孩子，倒不妨让他们较早地投入到集体生活中，不断地锻炼自己的综合素质和各方面能力，将来的社会适应性会更好。

二、要考虑孩子的学习基础和学习能力。目前的学校教学都实行班级授课制，教师在设计和实施教学时，关注的是学生的平均状况，而对于那些学习基础明显不一样的孩子很难兼顾到。如果家长不顾及孩子的学习基础和学习能力，一味地考虑学校的名气，即使想方设法、投钱托人，孩子进校后未必能适应，学习差距太大后，不一定能被老师、同学接纳，难以融入集体生活，说不定遭到几次挫折、失败后，会对成功、对自己缺乏自信，甚至会破罐破摔，自暴自弃，对他们将来的成长也极为不利。

三、要考虑孩子的特长发展。有句广告词说得好：只选对的，不选贵的。适合的才是最好的。现在的学校分级分类很明显，差别也很大，不同的学校有不同的风格、特点、优势，定位不同，则差异明显。一般来说一定要选择与自己孩子学习基础相当的学校，或是孩子的特长能够得到较好发展、对学校情况较为熟悉的学校，这些都是明智的选择。有的学校有特色班、实验班，家长在选择时一定不要越俎代庖、自以为是，要充分尊重孩子的意愿与特长，慎重选择。否则不喜欢、跟不上，同床异梦，“身在曹营心在汉”简直是一种煎熬。

四、要考虑家庭的具体情况。古话说：量体裁衣，看菜吃饭。进哪一类学校一定要根据自己的家庭情况来定。很多父母为了孩子，不顾自家的经济状况，砸锅卖铁也要进名校，殊不知那高昂的择校费及进去后的一系列费用会使家里债台高筑，也会给孩子造成巨大的思想负担和精神压力，久而久之会自卑、自罪、孤僻、抑郁，这样反而不好。再者还要注意到学校离家的距离远近，如果离家太远又不能住校，早晚奔波于往返路途，孩子自理、玩耍和睡眠时间被挤占，很多宝贵的时间就匆匆流逝在这些不经意中，如果孩子路途中再受到其他诸如网吧诱惑或是意外交通事故等，那更是得不偿失。很多父母常年接送孩子，工作受到影响，身心疲惫，难免对孩子的期望值增高，也无形中给孩子增添了压力。

总之，影响孩子一生发展的除了学校教育外，还有家庭和社会教育。所以家长在考虑孩子上什么学校的问题上，不能单纯地看学校的名气、品牌，更要把握“适合”“就近”等关键词。其实以我之陋见，差学校有好老师，好学校也有差老师，选学校还不如选好老师，耳濡目染，潜移默化，润物无声，最终适宜产生美，和谐产生美，何乐而不为？

发表于《学生新报》2013 年第 4 期

让阅读伴随自己成长

> 朱老师，我的妈妈过分关心我的学习成绩，周末、假日等空余时间都用来家教、补课、做习题。可我一点都不喜欢，我喜欢看书，但她也不让，说浪费时间，我很苦恼，您说我要怎样说服她？
>
> 小　颖

小颖同学：

你好！

你的苦恼很多同学都遇到过，有的甚至比你还要严重，这也说明我们的父母有时不一定了解我们的真正需求，或者说对学习的理解有些狭隘，急功近利地认为学习就是考试、分数、上重点，忽略了阅读其实也是孩子学习、成长的极其重要的功课。在此我把自己理解的读书的作用和你交流，也希望通过你和你的父母一起来探讨。

高尔基说：书籍是人类进步的阶梯。其实书籍也是孩子进步、成长的阶梯。俗话说：刀不快石上磨，人不会世上学。古代《学记》也说："玉不琢，不成器；人不学，不知道。"说的都是学习的重要性，其中很大程度都是指书本学习，"行万里路，读万卷书"，前者指实践，后者指读书，人的一生很短暂，不可能事事实践，人的知识大部分来源于读书，所以才会有"秀才不出门，能知天下事""运筹帷幄之中，决胜千里之外”的说法。

阅读还能提升涵养，增加知识容量和储备。通过广泛的阅读，可以更多地吸取精神养分，让视野更加开阔，素养得到提升，能从书中找到亲密的伙伴，学习的榜样，会对身边的人和事物产生好奇感和新鲜感，会使思维更加活跃，谈吐更加文明得体，性格变得开朗活泼，使自己的生活变得更加充实。记得一位著名作家说过：一个人一天读书，两天读书，好像没有什么改变；一个月读书，两个月读书，变化好像也不明显；但如果三年五年、十年八年坚持读书，这个人的气质、才华绝对会与众不同。因此，明智的父母如果让孩子每天抽出不少于30分钟的时间，专心致志、持之以恒、日积月累地阅读，长期坚持，一定会使孩子的生命品质发生很大的变化。

总之，青少年正在长知识、长身体阶段，多读书不但可以丰富知识，增长才干，还能从书本上借鉴学习，变得更加聪明智慧，在以后成长道路上少碰壁、少走弯路，不断成长进步。至于怎样阅读才能更有效，我在下一个专题中再和大家一起探讨。

发表于《学生新报》2012年第6期

怎样进行有效的阅读

小颖同学，在上一讲的内容中，我重点谈了阅读的重要性和必要性，这次我想和同学们说的是怎样进行有效的阅读，重在教给大家一些阅读的方法和技巧。

首先要努力让阅读成为一种习惯。什么是习惯呢？简单点说就是日久天长慢慢养成而又不会轻易改变的一种学习、生活方式。比如说孩子们一开始都不愿阅读，这时候家长、老师就要通过各种方法让孩子们懂得读书的重要，了解读书的乐趣，掌握读书的方法，让孩子们喜欢读、愿意读、坚持读，才能逐渐成为习惯。不少孩子不愿意阅读，在一定程度上是家长本身就不喜欢读书，或是急功近利地不让孩子读他们喜欢的书，只准做作业、看练习，过多地干涉了他们的阅读兴趣。实际上，开卷有益，只要适合孩子的年龄特点，读什么书都可以，关键是养成习惯。

其次要泛读、细读、精读等多种方法并用。孩子们正在长知识、积累知识的阶段，要学会广泛阅读，多方汲取，即使不求甚解也不要紧，多读心中有本，厚积才能薄发。在此基础上还要细读、精读，不贪多求全，样样都读，也不要在意每天读多少，只讲数量不讲质量，而是要学会去粗取精，去伪存真，好的作品要熟读，甚至能背诵，为今后的运用打下坚实的基础。“熟读唐诗三百首，不会作诗也会吟”说的就是这个道理。

最后要提醒的是阅读之后要学着写点体会文章。阅读是学习，使用也是学习，养成在阅读后写点体会不但是写作，更是养成一种思考习惯。读书贵在思考，有了思考，阅读才更有意义。因此家长、老师要引导孩子们抒发读书的感受与体会，“读这本书开心吗？你最喜欢哪个人物？你对故事的哪一段最感兴趣？为什么？”用这类话去引导和激励，让孩子们自己打开话匣子，再把它写下来，这样我手写我口、写我心，一开始也许效果不会很好，但多写笔下生花，量的积累达到质的转变，久而久之，就可以写出精美的文章来。

读一本好书，就像交了一个良师益友。祝愿同学们都能与书为友，终身相伴，多读书、读好书、明事理，做让父母放心、老师喜欢、对社会有用的好少年。

发表于《学生新报》2012 年第 7 期

教你轻松学语文

朱老师，我今年已经五年级了，数学成绩还可以，就是语文老上不去，每次考试都是中等，尤其是不会写作文。以致爸爸妈妈都说我笨，说我连小学语文都学不好，将来还能做什么。我真难受，我要怎么才能提高语文成绩？

苦恼的小俊

小俊同学：

你好！

从来信中感受得到你目前的烦恼，也能体会得到你想学好语文的迫切心情，这种积极上进的心态其实就是学好语文的关键所在。接下来我给你介绍一些具体的方法，希望能够对你有所帮助。

首先，你要学会课前预习。每次上新课之前，你都要抽出点时间深入地了解课文，再大声朗读几遍。如果可能，简单概括出课文的主要内容，总结出课文的中心思想。还要留意课文后提了哪些需要思考的问题，并简单作答。如果是需要背诵的课文，最好多读几遍，并尝试着背诵。

其次，上课要学会勤记笔记。俗话说，好记忆不如烂笔头。要注意跟着老师的思路，记录下老师讲课的重要内容，无论板书还是口述都如此。记的时候也不要另行准备记录本，就记在老师讲的内容旁边方便复习，不至于课后要用时到处乱找浪费时间。笔记的颜色要尽量比书本字体的颜色鲜艳一点，以便突出笔记的内容。

第三，平时要学会积累。常言道：“多读心中有本，多写笔下生花。”要想学好语文，光学课本上的知识是远远不够的。这就需要增加课外阅读、写作的量。通过大量阅读积累好词、好句、好文章为我所用；通过作文的训练不断提高写的能力，平时注意从广播、电视、网络中汲取写作的素材，用写日记、周记的方式进行量的积累。我觉得有空多看一看别人的优秀作文，学习人家的遣词造句、表达方式，也不失为一个积累的好方法。

第四，要不耻下问，勤于思考。孔子说：“三人行，必有我师焉。”遇到不懂的问题一定要勤学好问，老师、家长、同学、字典词典都可以是你身边的老师。有条件的话，网络也是你最好的老师，“知之为知之，不知上百度”，一些重点、难点一定要搞清楚，不要囫囵吞枣，不以为然，以致考试时因含糊不清而丢分。平时多和语文成绩好的同学交朋友、交流探讨，潜移默化、润物无声地从他们那里得到帮助和指导。

当然，除此之外还有很多学习语文的好方式，但总结起来不外乎“听、说、读、写”几个字。我想，只要你能始终不渝地关注到以上这些，并能持之以恒、身体力行地实践，你的语文成绩很快就会好起来的。

发表于《学生新报》2013 年第 9 期

怎样才能学好数学

朱老师：

您好！

我是一名9岁的女生，看着其他同学开开心心地上学，真是羡慕他们。一到放学的时候我就尽量放慢脚步，晚一点回家，否则只要回家，马上就有爸爸妈妈永远骂不完的话和做不完的数学题。

一到三年级时，我一点压力也没有，可就当我升上四年级时，数学课一直不停地换老师，我都适应不过来，数学成绩一直往下掉。我妈妈一见到我的成绩掉了下来，老是骂我，弄得我一回家就小心翼翼的，生怕一点响声妈妈就骂我。妈妈为了帮我补上数学，一天让我做好多数学题，做错一题就要被骂上好几个小时，弄得我一见到数学题就恨得牙痒痒，当妈妈骂我的时候，我就会想："怎么这里没有刀？！有刀就好了，让这个可恶的数学老师立马滚蛋！"

我不想做一个有仇恨的人，我也想把数学学好，可我到底该怎么办啊！希望朱老师可以帮我解决这个烦恼。

学生：瑾　林

瑾林同学：

你好！

你的文笔很不错呀，语文一定很好！但看得出你对目前的数学成绩很着急，也很委屈，甚至无奈，希望能早日走出困境，不让父母操心，但又找不到合适的方法，对吧？也许你父母认为：学数学嘛，就是解题，题目做得越多，数学成绩就会越好。这种认识对不对呢？有道理，但不完全对。因为还有一个重要的因素在左右着我们数学成绩的提高，那就是数学的学习方法。许多同学由于没有正确掌握数学学习方法，负担很重但不得要领，陷入题海，茫茫然不知所措。下面我们一起来探讨一下数学学习中要注意的一些问题。

一、上课前要调整好心态。学习心态很重要，一定不能想："哎，怎么又是数学课？烦死了！"这样一来上课时听讲心情就很不好，自然也就学不好！而应该想："嘿，又是数学课，我一定会学到很多新知识，一定会比昨天、前天学得好！"有了这样积极的心理暗示，你会觉得学起来并不那么难了，久而久之，习以为常，就会养成良好的学习心态。

二、注意培养学习数学的兴趣。孔子说："知之者不如好之者，好之者不如乐之者。"这里的"好"与"乐"就是愿意学、喜欢学，就是学习的主动性和积极性。很难想象，对数学毫无兴趣，见了数学题就头痛的人能够学好数学。当然要培养兴趣首先要认识到学习数学的重要性，知道数学被称为科学的皇后，没有数学基础，也就不可能学好其他学科，中考、高考都必不可少；其次必须有钻研的精神，有非学好不可的韧劲，逐步领略到数学的奥妙，体会到学习数学获取成功的喜悦。长久下去，自然会对数学产生浓厚的兴趣。

三、掌握必要的学习方法。上课前要预习即将学习的新知识，它可以使我们由被动接受变为主动参与，帮助你更好地完成课堂学习任务。上课时一定要认真听讲，作到耳到、眼到、手到！这个很重要，一定要学会做笔记，上课时如果老师讲得快，一定静下心来听，不要记，下课时再整理到笔记本上！如果搞不懂，就要把自己不懂的地方记录下来，请教他人把问题解决，以保持听课的高效率。课后做作业前，要先复习一下老师讲的内容和例题，争取全部弄通再做，才能熟能生巧，事半功倍。

四、保证遇到的每一题都要弄会，弄懂，不似是而非，吃"夹生饭"，不会就问，不要不好意思，要学会举一反三，灵活运用！做的题不要求多，但要精！要善于发现规律，找出一些具体的方法，并利用这些规律性的东西来指导做题。

五、要有错题集，把平时遇到的好题记下来，错题更要记下来，并要多看，多整理，多思考，争取不在同一个地方绊倒！！

总之，学数学时，不要怕难，不要怕累，不要怕问！你有了非常想把数学学好的强烈愿望，如果能掌握科学的学习方法，再加上勤学苦练，相信你会成功的，加油吧！

发表于《学生新报》2011 年第 3 期

让期末考不再焦虑

“

朱老师，我平时学习成绩还不错，作业也都是良和优，但是一到期末这种大考，就容易考砸，要么是漏做了题，要么是把题目的要求看错，严重时，面对试卷，额头冒汗，双手冰凉，大脑一片空白，平时烂熟于心的知识也答不上来。朱老师，麻烦您快给想个好办法吧！

六年级学生：王文平

”

文平同学：

你好！

看到你如此的紧张焦虑，我也为你担心。你目前这种状态被称为“临场慌”，又叫考试焦虑，这种现象目前在紧张而激烈的中小学生学习生活中特别普遍。主要是由即将到来的考试情境引起的特殊的神经紧张和情绪焦虑状态，生理上表现为心率加快、呼吸急促、多汗、尿频、头痛、失眠等，行动上则表现为惶恐不安、多余动作增加、胡乱答卷子、早早离开考场等。

其实，考试时适度的焦虑紧张是正常的，也是必要的，它会给人带来一种兴奋度，这种兴奋度会使人思维敏捷，对考试有信心，增强学习的自觉性和主动性，在考试中有可能超常发挥。但是如果焦虑紧张和担心过度，就会导致心跳加快，手心出汗，出现你所说的大脑一片空白的情况。出现考试焦虑的原因大致有：知识掌握不牢靠，心中无底；外在压力太大，心理承受能力差；睡眠不足，大脑过度疲劳；受过去失败的阴影影响，自我情绪调控能力弱等。为此，我建议你要从以下这几个方面做起。

一是要注意调整心态，正确看待考试。小升初的激烈竞争，期末考试的逐渐临近，再加上老师、家长的高期望值，的确会给你们的心理增加负担，有些同学又很爱面子，对成绩看得很重，无疑是给自己加压，时间一长必然不堪重负。因此，你们要相信自己，学会自我减压，试着把考试看成是生活中一个小小的挑战，就像平时的小测验一样自然，不必太在意，保持一颗平常心。即使失败也要不以成败论英雄，超脱一些，这次没考好，还有机会补救，反正天不会塌下来，这条路走不通，我们可以踏上另一条成功之路嘛。

二是要认真听课、复习，不打无准备之战。80% 的学生考试焦虑是由于复习准备不充分引起的。俗话说，有计划不会忙，有信心不会慌。在考前，一定要在老师的指导下，有目标、有计划地学习和复习，养成有规律的听课和复习的习惯，这对克服焦虑非常重要。平时要训练自己的听课技巧：1. 做好课前预习，了解老师讲课的重难点。2. 听课时根据老师讲课的进度，调整听课心理状态，重点问题集中精力，次要问题适度放松。3. 带着问题听讲，也可有意识地寻找问题，发现疑点，激发听课兴趣。4. 努力追寻老师讲课的思路，找出自己的疑难点，及时提问。

三是要学会自我暗示和自我放松。自我暗示能调动心理活动积极性，有助于注意力的集中。如学习时自言自语地提醒自己，“不要分心”“努力听讲”。也可找几张小卡片，写上“专心听讲”“少壮不努力，老大徒伤悲”等句子，然后把它们放在你平时容易看见的地方，无论是上课听讲还是回家写作业，只要一看到它们，就会提醒自己：“别走神呀！”另外还要保证充足的睡眠时间，学会放松。很多的“考试焦虑”是由于学习过度疲劳、睡眠不足引起的。因此，一般不要“夜半挑灯”苦读，要养成良好学习和休息的习惯，每天应有 8 至 10 小时的睡眠时间，晚上睡觉不要超过 10 点。因为良好的、充足的睡眠可以消除大脑疲劳，换取充沛的精力和清醒的头脑，这既是从容应考的前提，也是克服考试焦虑情绪行之有效的方法。

此外科学地安排生活，劳逸结合，参加各种体育活动，放学后泡热水澡，与家长、朋友聊天，双休日抽出一些时间出游等都有助于减轻压力，及时消除疲劳。我相信只要你能战胜自己，也能顺利地战胜期末考的！

发表于《学生新报》2012 年第 1 期

如何应对小升初考试

> 朱老师，我是一名六年级的学生，再过一个多月就要参加小升初的考试了，但我现在的状态一天比一天差，这段时间里心情可以用两个字来形容，就是“烦躁”，请问朱老师，我怎么才能以最佳状态迎接考试？
>
> 焦急的小丽

小丽同学：

你好！

这段时间我也相继接到很多类似的信件、短信，都和你目前的状态有相似之处。这也难怪，随着父母、老师给你们的考试压力增大，考前复习的单一、反复、乏味，再加上久旱无雨，天干地燥，都会给考生带来生理、心理的压力，如果不善于排遣，就会影响到自己的情绪。但我想如果你能做到以下“四心”，会对你的小升初考试有帮助。

信心：自信是力量的源泉，是考试成功的精神支柱。有它不一定能赢，但没它一定会输，因此要充分相信自己能承受各种压力接受挑战，人难我难不畏难，人易我易不大意，多用积极的自我暗示：“我一定能考好！”“我已经准备好了！”“I can ！”给自己加油、打气，让自己兴奋起来，用一种积极乐观、昂扬向上的精神状态，沉着应考。

专心：专心致志才能考出水平。很多同学考前过于关注考试结果，老是担心考不好会受到老师批评、父母责怪、邻里耻笑、同学非议，因此没上考场就愁肠百结，三心二意，到考场上一遇到难题就紧张、分心，有时甚至会过分夸大考试失败的后果，变得忐忑不安，神思恍惚。这里我要向大家介绍一下心理学上说的培养“瓦伦达心态”。瓦伦达是美国一个著名的高空走钢索的表演者，他在一次重大的表演中，不幸失足身亡。他的妻子事后说，她知道这一次一定要出事，因为他上场前总是不停地说，这次太重要了，不能失败；而以前每次成功的表演，他总想着走钢丝这件事本身，而不去管这件事可能带来的一切。后来，人们就把专心致志于做某事，而不去管这件事意义和结果，不患得患失的心态，叫作“瓦伦达心态”。

细心：考前准备要细心，可以减少考场上不必要的损失。这里给你介绍一个应试小技巧：“通览全试卷，填好号和名；审题要仔细，题意要弄清；遇到拦路虎，不妨绕道行；细中求速度，快中不忘稳；不争交头卷，检查要认真。”如果考试中发现题目做错了也不要过分着急，首先不能慌，不妨放下笔，查找错误原因，看看做错类型是全盘皆错，还是局部出错，是过程出错，还是结果出错，找准原因后，用橡皮轻轻擦去错误部分，注意心态和手法，保持卷面整洁而又无破损，但要注意提笔改错前，要先思考，避免新的错误产生。

恒心：要持之以恒，坚持就是胜利。中小学生情绪变化明显，如果一科首战受挫，容易产生消极情绪，要注意及时调整状态，决不能一失败就灰心丧气，要有锲而不舍的精神，坚持考到最后一秒。不妨学点自我安慰法：“我难人也难，我做不出来，别人也不一定做得出来”，“发挥出自己的水平就是成功”，“不是失败，只是暂时没有成功”。后面补偿法：前面的题不会做，后面的题来补偿；前面的科目损失了，后面的科目来补偿。考试下来做到“三不”：不同别人对答案，不讨论不会做的题目，不找老师解题，以便迅速准备下一科考试。依我看，马拉松比赛以其说是比速度，还不如说是比耐力，笑到最后的人才是最会笑的人。

小丽同学，考场上最强大的对手是你自己，如果你能做到“四心”，战胜了自己，也才有可能战胜考试，祝你取得好成绩。

发表于《学生新报》2013 年第 5 期

坦然面对小升初的面试

> 朱老师，我是昆明市六年级的学生，平常是一个胆小内向的孩子，可爸妈非常希望我能到条件好的民办初中就读，但听说今年的小升初要考面试，我非常害怕、紧张，您能不能帮我出出主意。
>
> 六年级学生：张　蕊

张蕊同学：

你好！

很高兴能帮你想想办法，出点主意。的确，从2015年起，昆明市各民办学校将按照“统一报名、免试入学、双向选择”的原则进行自主招生，并且规定每生只能限报1所学校，严格执行“免试入学”，一律不得进行文化课考试，各学校除了通过电脑摇号的方式录取招生计划的50%外，剩余的50%将由学校进行自主招生录取。虽说现在关于自主招生还没有统一的规定，但根据以往的经验大致就是通过面试的方式进行录取。

一般来说，面试考察的是一个人的综合素质，包括心理素质、学习能力、口头表达能力、人际交往能力、自我认知能力等诸多方面。对一些受过训练，经常参加演讲、朗诵、各种表演或活动的同学来说并不算什么，可对一些胆量小、性格内向、缺乏自信的同学来说就会感到很紧张、焦虑、害怕。所以你目前的状态是很多同学都会出现的，这不足为奇，很多大学毕业生、成年人都会这样。

要想顺利通过面试，我认为首先要调整好心态，不要怕。常言道：既来之，则

安之。该来的必然会来，你害怕也没用；该走的也一定会走，你不会老沉湎在恐惧中。要知道你紧张，别人也会紧张，说不定比你还紧张，既然大家都处在同一个水平线上，都要一样的面对，还不如放下包袱，轻装上阵，顺其自然，为所当为，以阳光的心态来面对，免得整天提心吊胆的自己吓唬自己，造成不必要的慌乱和焦虑。

其次要以积极的方式来应对，不懒惰。俗话说：知己知彼，百战不殆。很多人之所以紧张往往是对不可预知事物的无知和自我合理化的主观想象，不知道要考什么？怎么考？道听途说，以讹传讹，把面试“妖魔化”，或是过分夸大了小升初的重要性，以至于六神无主、瞎马自惊，要知道“想象中的恐惧比现实中的恐惧更吓人”。所以，一定要通过正常的渠道了解小升初的各种相关信息，倾听专家、老师和“过来人”的合理化建议，做到心知肚明，心中有数，才能得心应手，有效应对。

再次是提早加强训练，不松懈。造成面试紧张的一个重要原因是缺乏训练。经常参加演讲比赛或者演出活动的孩子通常比一般的孩子更容易放松。所以，要在老师、家长的引导指导下提前为面试做准备。除了多从各种渠道了解学校的面试程序和必问题目外，还可以用换位思考的方式来设想面试中会遇到什么问题，平时多准备几个感兴趣的话题，比如说“自我介绍”“我最敬佩的人”“怎样与同学相处”“对失败的感悟”等话题都不错，尝试着多种版本的回答方式，有意识地在家里进行模拟面试，逐步培养自己的心理素质。培训中还要加强态势语言的训练。做到仪态大方，表情自然，自信从容，比如给老师一个淡淡的微笑；对老师说您好，说明你懂礼貌；听题时别逃避老师的眼睛，自然回应；答题时娓娓道来，不徐不疾；活动时跟伙伴打个招呼，暗示你容易合作，谦逊有致，举止适当，给人一种彬彬有礼的感觉。

至于在面试中还有些怎样的技巧，我下次再和你进行交流。

发表于《学生新报》2015 年第 3 期

小升初面试有技巧

张蕊同学：

你好！

上一次是从调整心态、认真准备、加强练习几方面来和大家交流，其目的是想让大家了解面试特点，放下包袱，轻装前进。但到实际的临场面试阶段，还是有些技巧的，需要加以注意。

比如说介绍自己，这个比较简单，咱们平时应用的比较多，应该都难不倒大家。但要注意的是，在不同场合的自我介绍侧重点应该是不一样的，在面试的时候，主要强调的应该还是学习和成绩方面的东西，不要东拉西扯，主次不分。有时还可能问到大家的兴趣爱好，很多孩子都能回答，但随后问到为什么喜欢的时候，很多同学都答不上来。以我之见，不要想得太复杂，根据实际情况回答，有就有，喜欢就喜欢，没有就没有，照实回答即可。有时爸爸妈妈们教孩子太多的术语反而会让人觉得有点刻意，太成人化，要知道天真、纯真是孩子的天性，面试的老师一般不会去为难孩子的。

走进考场便是面试的开始，大家就要随时准备向老师展示自己，所以以下这些都可能为你加分：进门后给老师一个淡淡的微笑；开口时对老师说声“您好”，结束时说声“谢谢”，说明你懂礼貌；听题时别逃避老师的眼睛，自然回应，坦然面对；答题时声音洪亮，吐字清晰，娓娓道来，有条不紊；活动时谦逊自然，跟伙伴打个招呼，暗示你容易合作。有的学校面试时是把学生分组，给出话题进行小组讨论，这就需要在讨论中能够表现出你的创新思维、团队合作意识、总结和分析的能力等。遇到一个不懂的问题或者其他尴尬场面时，应变能力要强，不要傻在那里或者一直沉默。你还可以尝试着告诉老师自己懂得的类似知识点，以展现思维能力。面试现场，你如果还是抑制不住的紧张、慌乱，一些小动作可以转移注意力。比如，上场前做几次深呼吸，想一下自己最喜欢的人和事，平稳一下心态，扮怪脸可以放松面部肌肉，趁空到室外稍稍活动一下，都可能舒缓紧张情绪。

有的学校还要和父母面谈，这也是极其重要的得分点。要知道有什么样的父母就有什么样的孩子，父母的问题也就是孩子的问题，所以绝对不能大意。面谈的问题应该是各式各样的，可能会问到对孩子的评价、成长经历、期望值等，但核心只有一个，就是家庭对孩子的教育，重点看父母和孩子的关系程度，了解家庭的教育模式和学生的全面性格。对于这些，相信爸爸妈妈们应该都能够应付。但还需要注意的是，对孩子的评价以褒为主，以贬为辅，该夸赞的要夸赞，不要不好意思，对孩子的缺点和不足，要客观说明已经采取的措施，已经取得的成效，下一步努力的方向，让面试老师感受到家长的诚意，这一点也很重要。

总之，面对小升初面试，我们既不能马虎轻视，也不必负重前行，全家人齐心协力，共同面对，一定会有美好的收获的。

发表于《学生新报》2015 年第 4 期

离家出走　万万不可

> 朱老师，我跟您说个小秘密：我想离家出走。每当考试临近，妈妈就逼我学习，考试成绩不好，爸爸就打我，还罚跪，我觉得受不了啦。有朋友劝我离开这个家，走得远远的，让他们找不到我。但我又有些担心、害怕，您说我该怎么办呀？
>
> 学生：赵守平

守平同学：

你好！

很感谢你的信任，能把心里的小秘密告诉我，可以感受得到你幼小的心灵正接受着难以言表的折磨和煎熬，矛盾重重，忐忑不安。我不禁想到了那首熟悉的老歌：“我想有个家，一个不需要太大的地方，在我受惊吓的时候，才不会害怕……”有家的感觉多好呀！可你小小的年纪却想到了要离开家，难道外面的世界真的很精彩吗？

毋庸置疑，你父母的教育方式很不恰当，期望值太高，关爱心不够，稍有错误，就是责骂、惩罚、棍棒教育。长期处于这样被否定的“挫败”氛围中，的确会让你喘不过气、度日如年，巴不得远远离开。但我绝对相信在这个世界上他们才是真心爱你、为你着想的人。正所谓“恨铁不成钢”“爱之深，责之切”，也许只是由于他们不懂教育，不能真正理解你，才简单粗暴，过于偏激，伤了你的心。相反，只有那些心怀叵测、不安好心的人才会怂恿你离家出走、浪迹天涯，这对你来说无异于自毁前程。再说了，有问题难道离家出走就皆大欢喜、天下太平了吗？绝对不会，要知道逃避往往是无能的表现，也是最糟糕的应对方式，所以别轻易相信那些所谓“朋友”的话，走出家门能够成功精彩的仅只是极个别事例，绝大多数离开父母出去闯荡的小孩子就好像失去保护的羔羊一般，最容易被黑暗和罪恶吞噬。

你说你担心、害怕，这是真的，外面的世界真的很无奈。你知道离家出走意味着什么吗？顾影自怜，形单影只。在外的日子会不会遇到各种伤害？或是误入歧途难以自拔？生活没有着落陷入困境时，你住在哪里？桥洞？地下通道？还是街头巷尾？你吃什么？饿了你会怎样？去乞讨？吃残汤剩饭？去偷、去抢……简直不敢想象，但如果有一天你真的离家出走，说不定在严酷的社会现实中真会有这样的情景出现！到那时“一失足成千古恨，再回头已是百年身”，悔之晚矣！况且，你一走了之，你父母、家人、老师会多么紧张焦虑、伤心绝望呀！他们每天担惊受怕、忧心如焚，怕你们年龄小，未经世事，缺乏社会经验而吃亏、上当、受骗，会在出走的日子里会遭遇各种难测的危险。而为了把你们安全找回来，警察叔叔、亲戚朋友、爱心人士们又要花费大量的人力、物力和财力。这是最得不偿失的举动，也是对社会、家人和自己不负责任的表现，所以说千万不要因为一时的冲动做出悔恨终身的事情！离家出走是万万不可的。

在此我也要提醒家长，“解铃还需系铃人”，要想解决孩子出走的问题，就必须要了解导致孩子出走的原因，才能有针对性地进行疏导和干预。平时我们的家长都忙于工作和生活，与学校、老师缺乏必要的交流，也很少与孩子面对面进行沟通，从而造成孩子与父母之间感情的淡化，久而久之孩子便失去了对父母的依赖；有时孩子犯错误后，家长只是不断地训斥和指责，而没有采取积极的措施和方法对其行为和思想进行疏导，导致孩子产生了逆反心理，进而造成思想上的扭曲，这些其实都为离家出走埋下了隐患，所以作为家长我们平时应当积极主动引导孩子身心向良好的方向发展，通过培养孩子的兴趣，可以帮助孩子树立正常的价值观，进而让孩子更热爱生活，他们也就不会想到要离开温暖的家了。

发表于《学生新报》2017 年第 3 期

运动是最美的风景

> 朱老师，我长得有点胖，又有点笨，平常不喜欢运动。看着同学们在球场上自由自在地奔跑跳跃，心里常感到自卑。就因为不喜欢集体体育活动，班里很多孩子都不愿意跟我玩，您说我该怎么办呀？
>
> 学生：刘　松

刘松同学：

你好！

我能理解你的苦恼，青少年天性就该天真烂漫、活泼好动，可你却因为肥胖不能尽情享受运动的快乐，反而像个小老头似的，这的确让人遗憾。但你认真想过了没有，难道真的是因为胖和笨，才不喜欢运动吗？我认为不完全是这样。

现在很多孩子不喜欢运动，原因是多种多样的。有的怕苦怕累，贪图享受，最终慵懒散漫，主动放弃；有的沉湎在电脑、手机、网络游戏当中不能自拔，最终视力下降，身体机能越来越差；有的找不到适合自己的运动，感觉无聊、无趣而踽踽独行；有的性格内向，独来独往，没有兴趣爱好，不喜欢与人交往，不合群；有的父母不仅不鼓励孩子进行体育运动和锻炼，反而批评孩子爱踢球是玩物丧志，以为这样会分心，影响学习……

你属于哪一类呢？我认为长得胖也许不完全是你的错，但不喜欢运动那就大大的错了。你发现了吗？说不定正是因为你的疏于运动，才变得日益笨拙，平添了过重的自卑心理负担，反过来又形成恶性循环，越怕越不动，越不动越怕，久而久之真的发胖了、笨了。所以，胖不能成为逃避运动的借口，相反应该成为运动的动力，否则将来你只会越来越胖，各种毛病都会早早地找上你，这绝不是危言耸听。毛主席说“身体是革命的本钱”，我了解生病往往是对自信心最大的打击。你想象一下，其他同学都生龙活虎，热情洋溢，而你却病魔缠身，忧心如焚，整天往医院跑，心有余而力不足，你会快乐吗？家人会幸福吗？同学怎么会喜欢你呢？研究表明，一个经常参加体育锻炼的人，智商、情商都比较高，幸福指数也会更强。这正如一位著名的教育学家所说：“所有的天才都是最壮的牛。”既然如此，为什么不积极运动起来，把自己变成“最壮的牛”，向天才靠近一步？

解决了思想上的毛病之后，就应该积极锻炼，融入集体活动之中。人数上百，各有特色；萝卜青菜，各有所爱。手指头伸出来不可能一样齐，每个人的运动天赋、能力、兴趣也会各有不同，所以你一定要因人而异，选择适合自己的运动慢慢来，千万不能好高骛远。跑步、球类、跳绳、沙包、游泳、爬山等都是孩子们青睐的，你可以自由选择，只要动起来就有活力，就有乐趣，久而久之就会形成独特的爱好。运动之乐是别人不能体会的，比如球能滚、抛、踢、拍、抛掷，在玩球中能了解球的性能；在操作中发展视觉、触觉、运动感觉；在身体前后左右移动、快速追赶躲闪中，身子会更灵活敏捷，增强你的应变能力。更重要的一点是在与同学一起活动时，会增强团队的凝聚力、战斗力和团结友爱的精神。只要态度端正，活动积极，勇于拼搏，慢慢地也就能得到同学们的认可和喜爱，你也会越来越快乐和幸福的。

劝架也要有技巧

朱老师，我是我们班的班长，平时人缘很不错，让我为难的是在管理班级的时候遇到有人吵架或者打架时，要怎样劝架让我束手无策，无从下手，真希望得到您的指点。

一个困惑的班长

班长：

你好！

很高兴回答你的问题，感受得出你是个很有正义感、责任感，认真负责、勤于思考、踏实肯干的好班长。常言道：牙齿和舌头都会打架。的确，生活学习中我们每个人都会有情绪不好、冲动误会的时候，尤其是正处于青春期的你们，血气方刚，稍有不满难免会像雷管点燃，火冒三丈，与人发生争执。如果这时候没人阻止、劝解，说不定会酿成灾祸，最近武昌发生的砍头事件就是一个极端的例子。试想如果当时有人及时阻止，合理劝解，说不定可以化干戈为玉帛，断不至于为了一元钱闹出这样的惊天血案。但劝架也是要有技巧的，不然的话说不定会火上浇油，变本加厉。

首先要了解情况。盲目劝架，讲不到点子上，非但无效，有时还会引起当事人的反感。就像解绳结要看清绳结的形状，解除心上的疙瘩，更要把疙瘩看透。一个巴掌拍不响，既然两人会吵架，就说明彼此都有不对的地方。我们只有尽可能地把情况摸清，了解吵架的前因后果，然后站在公正的立场上分析问题，才能把话讲到当事人的心坎上。常言道：说得像，不敢犟。那种不分青红皂白，各打五十大板的劝解往往会适得其反，让人口服心不服。

其次要客观公正。劝架要分清是非，公平公正，分析得中肯，批评得合理，劝说得适当。不能无原则地“和稀泥”，笼统地对双方都去批评，这不能使人心服。实事求是，恰如其分，既分清是非，又团结同学，端平一碗水，劝架不偏心，吵架者自然会服从的。同时要注意吵架的矛盾双方有主次之分，劝架不能平均使用力量，对措辞激烈、吵得过分的一方要重点做工作，就比较容易平息纠纷。

再次要批评婉转。劝架时，要语气平缓，措辞恰当，说得婉转，使双方都容易接受。人在吵架时心中有火气，嘴上没好话，耳中听不进劝告。因此，劝架时不要纠缠于吵架人的某些过激言词，要多用委婉语，注意不触及当事人的忌讳，力避火上添油，而要用好言好语“降温”。有时用一两句风趣幽默的话，就像清凉油、润滑剂，可以缓和紧张气氛，使吵架人想发火也发不起来。可是，在某些特殊情况下，如吵架双方矛盾白热化，甚至拿刀使棍动起武来，就须高声断喝，使当事人清楚，说明其严重后果，阻止他下手。

当然，如果双方矛盾太大，争吵激烈，你自己的力量无法协调、劝解、阻止时，要及时上报领导、老师、家长或相关部门，让他们出面帮忙解决，切不可自作主张，引火烧身，反受其害。我相信有你这样认真负责的好班长，你们班的矛盾一定会大大减少，你会更得到同学们的拥护和爱戴的。

山高人为峰

> 朱老师，我是个荣誉感、正义感都很强的人，但经常有同学背后议论说我出风头、爱表现，妈妈也批评我“出头的椽子先烂”，让我很是迷惑，愿意为集体做事、与不良现象做斗争难道错了吗？
>
> 学生：华铭珍

华铭珍同学：

你好！

首先我热情而肯定地告诉你，你没有错，没有！你的做法正是我们开展社会主义核心价值观所大力倡导和弘扬的，是时代前进的发展方向，充满了正能量，所以希望你放下包袱，轻装前进，继续撸起袖子加油干，大步流星往前走！

至于说到有同学背后非议，那不是什么大不了的事。嘴长在别人身上，你控制不了，“哪个背后不说人，哪个背后没人说？”普通人被排斥是很正常的，甚至很多名人，在出名之前，日子也不好过，知道吗？马云当年拉过小板车，俞敏洪四处张贴小广告，赵本山跑场唱二人转，李玉刚成名前口袋空空只能睡医院走廊，谁都不容易。常言道“自古雄才多磨难，从来纨绔少伟男”，任何人的成功都不可能一蹴而就，都要经历艰难险阻，经受无数的白眼和冷落，但熬过去了，坚持下来了，便会“山重水复疑无路，柳暗花明又一村”。

当然了，我们也不能因此就故步自封，得意忘形，而要善于自我反省，深刻反思。比如说受到排斥的时候，不妨先检讨一下自己的言行举止、待人接物是否得当，如果是自己做得不好，那就一定要勇于承认错误，立即改变；如果是别人的问题，那也不用急于去解释说明，握手言和，相反要好好沉淀下来，默默努力不断升华，让你变得更高大更有内涵。当你做好之后，你会发现过去困扰你的所有问题就会荡然无存，你自然也就会赢得别人的喜爱和尊敬。比尔·盖茨有句话："你要想得到别人的尊重吗？拿出你的实力来！"希望你最终凭实力赢得尊重。

至于你妈妈，我觉得她不应该指责你，而应该向你学习，做你坚强的后盾，为有你这样一个有正义感的好孩子而骄傲，绝不能雪上加霜，再给你增加痛苦。你目前最重要的就是向前看，看准了的事就不要再彷徨，大胆往前走，不要老沉湎在痛苦的回忆里裹足不前或是犹豫不决、瞻前顾后。有句话说，你若盛开，蝶蜂自来，你若无意，天自安排。当一个人去到一个更高的层次之后，无论眼界还是思路都会开阔许多，前方美景如画，也就根本没有时间去和别人斤斤计较。这个世界，只要你够坚强，就没人能伤害你，伤害你的，很多时候只有你自己，最爱你，能救你的，也只有你自己。

俗话说：种瓜得瓜，种豆得豆。古语道：投之以桃，报之以李。佛家云：爱出者爱返，福往者福来。我始终相信一分耕耘，一分收获，春华秋实，春种秋收，只要我们勇敢地面对生活，不忘初心，砥砺前行，春天种下希望的种子，秋天也必将迎来硕果累累的收获。

换位思考少烦恼

人人都有烦恼，我也不例外，而我的烦恼就是我的那架钢琴。

在我六岁的时候，我的妈妈不惜花大价钱买了架钢琴，并要求我每天把新学的曲子弹一小时。刚开始我并不讨厌钢琴，每天都能完成妈妈的“一小时作业”。可慢慢的，我不那么喜欢钢琴了，因为我觉得它在占用我的时间。

记得有一次，我写完作业高兴地和妈妈汇报：“妈妈，我的作业写完了。可以玩一会儿了吗？”“哦，如果你写完作业的话就可以……”妈妈正要同意，可却突然想到了什么，“等等，你的钢琴弹了吗？”“还没呢……”我小声地嘟囔着。“那还不快去，记好了一小时。”妈妈“命令”道。我收到“命令”只好闷闷不乐地去弹钢琴了。“一小时到了！”我像一只欢乐的小鸟一样“飞”出房间，说道：“这下我可以去玩了吧。”“是可以了。可是你看看表，已经九点了，你明天还要上学呢，就先睡觉吧。”妈妈漫不经心地说……

唉！这就是我的烦恼，真希望有一天我真的能像小鸟一样飞向自由的天空！谁来帮帮我？

五二班：张　悦

指导教师：徐秀娟

张悦同学：

你好！

编辑部转来了你的书信，看后很是欣喜，你的作文水平很不错嘛，文从字顺，用语用字规范，内容表达自然得体，颇有真情实感。但也有些心酸，原本无忧无虑的童年生活就是被这些所谓的“特长”挤占，难怪你生出许多无端的烦恼，渴望自由的天空。

是妈妈错了吗？我觉得未必，今后你们终将走上社会，在未来激烈竞争的大潮中，要想有所成就，除了具备适应社会的基本素养外，一定还要有自己的核心竞争力，也就是人们常说的特长。俗话说：“人有一技之长，胜过良田万顷。”如果能在自己所擅长的领域内做到人无我有，人有我优，人优我绝，人绝我化，那你就可以脱颖而出，独树一帜，受人敬重。但真要做到这一步绝非易事，“宝剑锋从磨砺出，梅花香自苦寒来”，要知道任何的成功都必须付出艰辛的努力和汗水，都要靠平时的日积月累，都要有“衣带渐宽终不悔，为伊消得人憔悴”的精神，正因为如此，你的妈妈才希望你苦练钢琴，它不一定成为你终身的职业，但在学习、练习的过程中熟能生巧，技高一筹，你的专注力、理解力、表现力、鉴赏力得到提升，技术一旦达到炉火纯青、登堂入室就会变成艺术，说不定它会成为你一辈子的骄傲。钢琴家郎朗、李云迪等其实都是在这样的严格要求与指引下成长为闻名遐迩的艺术家的。

反过来，做父母的在要求孩子学习特长的过程中也要“文武之道，一张一弛”，也要讲究劳逸结合，动静搭配，尤其是注意到孩子生理、心理的发展特点和兴趣、爱好的合理培养，千万不要打着爱的名誉伤害了孩子的自尊心和自信心，尤其不要搞一刀切，与“别人家的孩子”攀比，否则会得不偿失，好心没好报，吃力不讨好。相反注意保护孩子的好奇心和创造力，引导孩子发现自己的潜能，扬长避短、取长补短，说不定会有意外的收获。一块地不能种水稻，可以种小麦，还可以种瓜果薯豆，要知道将来孩子的成功绝不是“自古华山一条路”，而是“条条大路通罗马”。

张悦同学，你不妨把你的烦恼和我的回信给妈妈看看，趁机和她好好谈谈，交流一下彼此的看法和观点，通过换位思考和体验，说不定你们母子的关系会更和谐，你的烦恼也会迎刃而解。

语言的伤口会经常流血

> 朱老师，我是个自卑的女生。因为长得不漂亮，男生给我取了个难听的绰号，一次有个老师甚至说我“人不成鬼不像”，让我好悲哀，我甚至想到了死。您说我该怎么办呀？
>
> 小　珍

小珍同学：

你好！

了解你的痛苦，我和你一样难过，常言道“人言可畏”，但没想到老师和同学们的语言伤害竟然让你承受了如此大的委屈和伤害，你受苦了。

这里说的“语言伤害”指的是老师或者同学用带有攻击、侮辱甚至谩骂性的语言对正处于成长期的中小学生的心理伤害，它会让人感到严重不安、心情沮丧、自尊心受伤、自信心受损甚至悲观绝望等精神损伤。从表面上看，语言伤害比体罚要显得文明，但它带给学生的伤害可能还有过之而无不及。体罚，更多的伤害是身体，其痛苦可能是短暂的，但言语暴力的伤害是长久的，不仅侮辱了人格，损伤了学生的自尊和自信，甚至还会导致学生心智失衡，丧失生活勇气，引发厌学、逃学、违法犯罪甚至自杀等严重后果，所以语言伤害又被称为是危害孩子成长的“隐形杀手”“头号敌人”。

也许对于“恨铁不成钢”的老师、家长们看来，说几句难听的话，是为了孩子好，不会有什么问题。但实际呢？远没这么简单，现在的青少年自尊心强、敏感多疑，又受不得委屈、挫折、失败，被称为“草莓族”“鸡蛋族”，一碰就破，一碰就碎，所以对他们精神上的鼓励比物质上的刺激积极有用得多。试想，当孩子被反复说成“笨”“丑”“懒”时，既影响他们的自我认识，也会使周围的其他孩子对其采取嘲笑孤立的态度。孩子的心理发育远远没有成熟，孩子的内心世界是很敏感脆弱的，他们会将家长、老师对自己的看法想象放大，一次小小的表扬很可能成为他们学习的动力和源泉，而一次嘲笑或责骂很可能彻底摧毁他们学习的兴趣。所以赏识教育、多表扬、多鼓励才是正确的教育方式。反过来说，孩子也要理解家长和老师的苦心，正确“消化”大人偶尔无心的过激言语。老师们也有自己的苦恼，许多孩子心理承受能力太脆弱，面对一点点的挫折和批评便灰心、走极端，增大了教育难度。所以，如何使孩子们面对挫折时更加坚强，是防止语言伤害的重要力量。作为成年人，请我们大家都牢记陶行知先生的名言：“你这糊涂的先生，你的教鞭下有瓦特，你的冷眼里有牛顿，你的讥笑中有爱迪生。你别忙着把他们赶跑。”知道吗？家长、教师轻松的微笑，温和的眼神，欣慰的点头，鼓励性的话语，都会使孩子在和谐的氛围中迸发出思维的火花，迎来亮丽的人生。让我们都来做一个真诚真挚，恳切朴实，言之有理，言之有物，以理服人，以情感人，受学生敬重的好教师吧！

追求完美反而不美

“

朱老师，我出生在一个教师家庭，爸爸妈妈对我要求太严，做什么事都要从最完美的角度去完成，还经常拿我和其他优秀的孩子比，以致我现在常常会为一些微不足道的小毛病、小瑕疵而耿耿于怀，做不好的时候就会觉得特别伤心、委屈和烦躁。同学们也说我是完美主义者，有强迫症，不和我玩，我好害怕。请您帮帮我。

您的忠实粉丝：大　伟

”

大伟同学：

你好！

我能理解你此刻的心情和烦恼。确切地说，追求完美，不能容忍缺陷，并不是什么缺点。事实上，人类天生就有追求完美的性格，谁不希望自己更好一点儿呢？难怪有人说：追求完美是人类前进的动力之一。追求完美的人一般责任心强，自尊心强，做事踏实、认真、肯干，也具有一定的创造力，是一个有着优良品质的人。但如果过于追求完美，过度执着，任何事情都要“精益求精”“尽善尽美”“十全十美”，成了完美主义者，就会产生情绪的困扰，形成阻碍，变得焦虑、紧张、固执、忿闷，甚至会有挫折感和失败感，本来愿望是美好的，最终往往会事与愿违，得不偿失，结果反而不完美。

一般来说，完美主义者都会把个人的标准定得过高，不切合实际，而且带有明显的强迫倾向，要求自己去做不可能做到的那种理想的人。他们表面上很自负，内心深处却充满了自卑，总是关注缺点，很少肯定自己，看不到美好，容易失去生活的乐趣，如果过分苛求，导致无法正常生活成了“精神洁癖”、强迫症，那就更糟。所以英国首相丘吉尔有句名言：“完美主义等于瘫痪。”很精辟地阐明了完美主义者的害处。

要想改变这种状况，你不妨从以下几方面来思考和行动。

一、改变理念，多看到自己的进步。其实完美只是我们理想中的一种境界，是人们所向往和追求的一个目标，世间万事万物都不可能尽善尽美、完美无缺，只要自己努力了，就是最好的。事实上人生也不可能完美，人的一生都是在不断犯错中成长的，过于追求完美的人生，实际上是把自己推向了极端，结果无非是力不能及或过犹不及，这样做可能伤到自己，也可能伤到别人。

二、学会调整心态，追求而不苛求。对人对事努力去做，“力所能及则尽力，力不能及由它去”，“尽人事，由天命”。对结果坦然接受，切忌在什么方面都争强好胜。要做到有所为有所不为，重要的、关键的事情可以适度追求完美，很多不那么重要的事情可以轻松一些，这样既保持了前进的动力，又消除了情绪的困扰，反而会更好地前进。

三、一定要得到家长的帮助。事实上具有完美主义倾向的人，几乎全与童年的家庭教育有关，他们的父母为孩子树立的标准太高太完美，容易发现和批评他们不完美的地方，于是久而久之，这些孩子也就学会了总爱找自己的过错，认为自己不够完美，就容易产生强迫的倾向。所以建议父母也要适可而止，对孩子的表现，既不要过多表扬，对缺陷也要适当忽视，表现出不在意。家长平时也要以身作则，在生活中不要表现得过于苛求。还要注意引导孩子适当转移注意力，不要过分在意竞争的结果，还可通过让孩子参加丰富多彩的活动培养活泼开朗的个性等，让他们得以放松。

最后送你几句我喜欢的诗，祝你早日走出阴影，迎接属于自己的多彩人生！

“残缺也是一种美，春天因没有果实才有了花的璀璨，夏天因少了凉爽才有了火一般的热情，秋天因少了绿色才有了红叶的灿烂，冬天因少了生气才有了雪的洁白……”

让自律成为一种习惯和态度

“

朱老师，我是一个班干部，在我们的班级中有些人自由散漫，不遵守纪律，上课迟到、讲小话、偷玩手机，课外沉溺于网络，让老师和家长都很头疼，我很为他们着急，该怎么帮助他们呀？

学生：刘　瑾

”

刘瑾同学：

你是好样的！能够为班上的同学“两肋插刀”，希望帮助他们改掉恶习，你是一个真正值得交往的“诤友”。是呀，看着同学正处于非常危险的境地，如果不能帮助他们及时调整心态和状态，他们的前途的确堪忧。

我觉得他们目前的主要问题是缺少自律，换句话说也就是缺乏自觉性，自我约束不够。自律往往是对一个人意志力的考验。塞缪尔·斯迈尔斯在他的《品格的力量》中说道：“自律是品格的精髓，美德的基础。”富兰克林也认为，自律体现了人类的勇气，是人类所有高尚品格的精髓。很多人迷茫彷徨、学业不成，事业不进，归根结底都败在自律上，缺少自律的人将会一事无成。

你要想帮助同学培养自律性，可以从以下几方面来尝试。

一是要帮助他们为自己定下一个恒定的目标。学习必须有目标，人生必须有规划。如果没有明确的未来，不知道自己为何而读书，不知道自己想要的人生究竟是什么样子，就很容易茫然失措，久而久之，就没有了约束自我的动力。相反，有了具体、可感、易操作的目标做导航，写下放在醒目的位置，在不能控制自己或要偷懒时，就可以时时提醒自己，想想自己的目标和达到目标时所带来的“成功的喜悦”，就会增添前进的动力，感到浑身有使不完的劲。

二是要提醒他们主次得当，重点突出。缺乏自律的人经常忍不住要做一些与目标无关或关系不大的事情，做自己喜欢的事情而不是应该做、必须做的事情。遇到这种情况时，就要学会统筹安排，分清主次，将时间和注意力集中于最有成效的部分，千万不要三天打鱼，两天晒网，捡芝麻丢西瓜。例如可以列出学习清单，每天将学习的内容写下来，然后按重要性来分步实施完成。原则是：今天的事必须要今天做完，绝对不要往后拖，避免出现“拖延症”。

三是要从小事做起，追踪进度，规定完成限期。自古以来，“律己”“慎独”的人都是注重小节的，他们明白“勿以恶小而为之”“千里之堤溃于蚁穴”的道理，不能让小的陋习任其发展酿成大祸。做事时可以为自己设定完成期限并跟踪进度，例如在多少时间之内能背多少单词，做多少道题，或者期中期末考试能达到什么名次。如果能强迫自己严格按照设定的日期完成任务，就会给自己一种“紧迫感”，有效抑制散漫，集中精力去做好学习的事。

此外，要经常反思。只有经常反省自己的过失，才会不断积累经验，更加严格要求自己。曾经看到过一句话：一个人有多自律，人生就有多美好。如果一个人真能把自律当作一种习惯和态度，就一定能远离陋习，战胜自我。

愿你和你的同学们都能成为自律的人。

“窝里横” 让人烦

“

朱老师，爸妈在我很小时候就离婚了，我几乎都是爷爷奶奶带大的，他们对我百依百顺，以致我在外面受了委屈，会不由自主地想回家对着他们发泄，觉得只有这样才舒服。对此我也觉得不好，但不知怎样改变，您能帮我吗？

喜欢你的学生：小　毛

”

小毛同学：

你好！

谢谢你的喜欢，被人需要是一种幸福，所以很愿意和你交流探讨。现实生活中的确有这种现象：对陌生的人很客气，对熟悉的人很苛刻；在外是羊，胆小怕事，如“受气包”；在家像狼，恶强霸道，是“小霸王”。这本来也很正常，但如果表现过度了，就成了“窝里横”，也就是我们云南人说的“门槛猴”，比喻只会欺负自家人，在家里要横发脾气，遇到外人就成软蛋怂包。

“窝里横”的孩子，多半出在家长过分保护、溺爱的家庭中。在家庭环境里如果父母是“保姆型”的，大事小情都要包办代替，并且无原则的溺爱，一味的迁就、包庇，不知不觉中就培养了“两面人”：在家倔犟、任性、爱使小性子，在外害羞、胆怯、无能力。就像你现在，由于父母的离异，爷爷奶奶便百般呵护，生怕你受人欺负或出什么事故，都让着你，以你为中心，任何事都予以特别的照顾，久而久之你已经习以为常。可一旦走出家门，面对陌生的群体，在与同龄伙伴的交往中，当事情超出了你的能力范围，你指挥不动别人，无奈之下只好采取逃避现实的办法，躲到一旁生闷气，变得胆小怯懦，或者把不满情绪和挫折感对着亲近的人发泄，这是十分有害的。

我建议你从家庭和个人两个方面来寻求改变。

一、解铃还须系铃人。从家庭角度来说，建议家长一定要认识到过度溺爱给孩子造成的不良后果和伤害，要敢于放手，大胆尝试，给孩子创造动手、自己处理问题的机会，让孩子做力所能及的事情，特别是自己的事情要自己去完成，而不是替孩子去做，多给孩子提供锻炼的机会，创造自由的空间。当孩子遇到问题的时候，要多问一下孩子的想法，看看孩子如何处理，并不是直接告诉孩子该如何去做，避免形成依赖心理。通过这种形式的互动，引导孩子慢慢地学会自己处理一些简单的问题，这种能力的培养会让孩子有勇气面对陌生的环境，陌生的人。

二、打铁要靠本身硬。既然知道“窝里横”不好，那改变就要从自身做起，从点滴小事做起。“窝里横”往往源于自己内心的不强大、不自信、缺乏感恩之心。所以平时一定要加强自信心的建立和培养。比如在人际交往中，努力尝试着正确表达自己感受、需求等真实想法，别老担心别人会对自己产生不良评价。事实上，人过一百形形色色，众口难调，一味讨好别人，未必会得到别人的重视。要学会“阅人无数”，试着和不同的人大胆交往、交流，利用他山之石来丰富、提高、完善自己，就算是和朋友有了矛盾，也要有担当精神，自己去解决，努力做到“我的世界我做主，我的问题我面对”。

衷心希望你早日摆脱“窝里横”的烦恼，健康快乐地学习和生活。

情商助你走向成功

朱老师，我特别渴望友谊，想交更多好朋友，但我人际关系不太好。很多人都觉得我自私自利，难以相处，老师也批评我情商低，我痛苦极了，该怎么办呀？

学生：张大满

大满同学：

你好！

看得出你很苦恼，很想改变现状，很希望和好朋友建立友谊。但我想既然很多人都对你有看法，那就绝不是空穴来风，你应该好好思考一下问题之所在，努力改善你的人际关系，提高你的情商。

那什么是情商呢？简单点说，情商是情绪智商的简称，是指人的情感和社会技能，即情绪智慧的高低。它包括认识自身和他人，妥善而有效地管理情绪，不断增强抗挫折能力，与人友好和谐地相处等方面的内容。国外最新研究发现：“人生事业成功与否主要取决于情商，而不是智商。情商（EQ）主宰人生可能有80%的作用，智商（IQ）对人生仅有20%的影响力。”难怪在国外有“凭智商找到工作，凭情商得到提拔”之说。

目前对你而言，最重要的当然就是如何提高情商，解决与人相处的问题。

首先你要进行认真的自我分析。“世界上没有无缘无故的爱，也不会有无缘无故的恨。”为什么别人会对你有意见？是别人的问题还是你自己的错？自己哪些方面让同学不满意？就拿“自私自利，难以相处”来说，你做事是否只喜欢从自己的角度考虑，自以为是，“我”字当头，从不顾及别人的言行、感受和体会？会不会损人利己，小气抠门，锱铢必较？与人相处时，你是否做到宽容大度，豁达开朗，助人为乐，还是斤斤计较，睚眦必报，从不吃亏？你是否善于虚心听取别人的意见、建议来充实、提高、完善自己，还是置之不理，唯我独尊，我行我素，听不进不同意见，甚至“残酷镇压，无情打击”，说话难听让人下不了台，避而远之。总之你只有静下心来耐心梳理，多从自身的问题出发，你就会找到症结。

然后你必须痛下决心，有错必改，提高情商。认识到自己的问题不易，如何有效的解决才是最最重要的。提高情商，那就意味着你要有足够的勇气和度量面对、接受可以克服的挑战。气急败坏时要学会驾驭愤怒情绪，培养自己的忍耐性，沉着冷静，学会冷处理；焦虑紧张时要避免急躁情绪，少安毋躁，善于自找乐趣；消极悲观时，要培养自己的积极情绪，富有幽默感，做到热情、开朗、开放，好心态成就好人生；压力太大了，你控制不住，要进行合理的宣泄，如打球、唱歌、爬山、旅游……

此外要想改善人际关系，要学会一些与人相处的方法：第一，对人宽容，诚信正直。宽容胜过百万兵，“海纳百川，有容乃大”，你能容别人，别人才能容你。第二，换位思考，善于合作。换位思考就是从对方的利益、观点来看待事物，处理事物，你见不得别人，别人也会看你不起。第三，沟通协调，充满爱心。关心、爱心，富有同情心，会为你赢得更多的友谊，“爱人者，人恒爱之”。第四，乐于吃亏，甘于奉献。吃亏是一种精神，吃亏就得付出，付出才能得到，舍得舍得，有舍去才有得到的。

最后想说的是贵在坚持。古罗马的一位诗人说过：“忍耐和坚持虽是痛苦的事情，但却能渐渐地为你带来好处。”大满同学，只要你多点勇气，多点机智，多点磨炼，多点感情投资，说不定你最终也会成为一个“情商高手”，交到好朋友，成就好人生！

爱生闷气是一种自我折磨

> 朱老师，我是一个性格内向、懦弱的人，平时胆子很小，受了委屈也只会自己生闷气，不敢表达自己的感受。其实我也不喜欢这样，但又不知道如何改变，我很难过，希望您帮帮我。
>
> 娟 子

娟子同学：

你好！

在人的成长过程中谁都不会是一帆风顺的，都会遇到各种各样的挫折、烦恼甚至失败，也难免会出现紧张、焦虑、烦闷、急躁的情绪，伴随着生气、抱怨、对抗、报复等各种心理，这其实是一种正常的情绪反应。所以我认为生闷气也不是什么大错，人际交往中有时候找不到合理的沟通方法，通过生闷气的方式委婉表达自己的不满或反抗，表明“我不高兴！我很愤怒！”也是一种隐晦而有效的表达方式。

一般来说，性格开朗的人发完火也就过了，不会老闷在肚子里。但如果有了气不能合理地释放或宣泄，长期憋在肚里，那就会变成一种消极的自我折磨，那是拿别人的错误来惩罚自己，结果受伤害的还是你自己。你若要真想改变这种状况，可以从以下几方面入手。

一、找准生气原因。生闷气其实就是事情的发展或其他人的行为没有按照自己的想法和意愿进行，从而引起了冲突。所以你不妨仔细想想：是什么使我这样生气？它值得我这样难受吗？有没有更好的方法来改变？其实只要我们用客观的态度来冷静地分析，或是进行换位思考，就会发现有些事情并不值得或者说不应该去为它生闷气，有些事的确是自己考虑欠妥、做得不好，难怪人家不满意。很多时候生闷气其实是无理取闹、斤斤计较、认死理、钻牛角尖，自己给自己找麻烦，“世上本无事，庸人自扰之”。这样一想，心情就会得以放松，生气少一点，开心自然就多一点。

二、勇于表达情绪。俗话说：“灯不拨不亮，话不说不明。”很多时候性格外向的人更加直接、开朗，他们会主动向别人表达；内向人则倾向于躲在自己的世界，对周围的事很敏感，并喜欢自我牵连。事实上，很多时候别人和一些事并非是针对你的，但如果你不表达，别人可能会忽略你，或者产生误会，难免无意中伤害到你。因此你可以大着胆子直接表达你的个人喜好，让别人知道你是怎么想的，“说明的鬼不害人”，说不定话明也就气散了，这远比躲在一旁胡思乱想、生闷气要好得多。

三、合理宣泄释放。有“气”闷在心里，不让它宣泄释放出来，时间久了会把自己闷出病来。因此，实在怒不可遏、气愤难平、心情烦躁、注意力无法集中，要学会在恰当的时间、恰当的地点将这些怒气发泄出来。比如说去找自己最信任的朋友聊聊或是找心理老师谈谈，倾诉内心的苦闷，让对方给自己排忧解难，必要时大哭一场也行。此外不妨听听音乐、看看电视、写写日记、打打球，做自己喜欢的事，学会转移、分散自己的注意力，这样心情会好一些，只要想开了，一切就都 ok 了。

四、学会宽容大度。歌德说：“比陆地更广阔的是海洋，比海洋更广阔的是天空，比天空更广阔的是人的胸怀。”的确如此，我们为什么会常生闷气，说穿了就是心胸狭隘，视野狭窄，性格固执，心眼太小，遇事老是想不开，喜欢纠结于微不足道的陈芝麻、烂谷子的小事。所以在平时，就应努力保持心理的平衡与宁静，“心安茅屋稳，性定菜根香”，逐渐养成开朗、乐观、大度等良好的性格，拥有宽容、接纳、超脱的心胸。“一个石头丢进碗里，就会把碗砸碎，而丢进大海中则波澜不惊。”所以我们要多多修炼自己的胸怀、气度、格局，争取做一个心宽似海的人。

总之，你得学会乐于接受别人的建议、帮助和忠告，必须诚实和富于正义感，热心帮助别人，善于宽恕和同情他人，给予了别人欢乐和幸福，自己也会从中得到幸福和欢乐。

熬夜不等于努力

“

朱老师，我很希望自己是个优等生，让父母为我骄傲。为此我也十分努力，很多时候熬夜到很晚，眼睛也近视了。我觉得已经尽力了，可成绩老上不去，看到父母拿到成绩单唉声叹气的样子我也很难过，这该怎么办呀？

焦急的许馨然

”

馨然同学：

收到编辑部转来的求助信息，我仿佛看到一个愁容满面的小女孩瘦弱孤单的身影，夜深人静了，你尽管哈欠连天、瞌睡不已，却还强打精神挑灯夜战，就只为了父母脸上的笑容，我的心里很不是滋味。

于是想起了上中学时的我，为了避免父母责难，讨他们欢心，也是每天熬夜，表现给他们看到，证明我努力了。事实上大多数时间都是在混，效率并不高，时间久了，第二天还总是晕头晕脑，昏昏欲睡。后来我明白了：熬夜只是一种表演式的自我心理安慰，对成绩提高其实作用不大，因为熬夜不等于努力。

关于成功，爱因斯坦曾给出一个公式：“A=X+Y+Z”。在这里 A 代表成功，X 代表艰苦劳动，Y 代表正确方法，Z 代表少说废话，这很值得我们深思。你有良好的愿望，很希望成为父母希望的优等生，给他们脸上贴金；你也付出了艰苦的劳动，不惜付出了眼睛近视的代价熬夜苦读。但你忽略了很重要的一点，那就是正确的方法，你也许还没意识到什么才是真正的努力。

真正的努力，从来不需要表演。因为努力并不能保证一定成功，熬夜也不是努力的象征，当我们陶醉在感动自己的“努力”时，别人可能正养精蓄锐，第二天精神满满迎接新的挑战。而顶着熊猫眼、脑袋昏昏沉沉的你，可能恰恰浪费了自己最高效的时间。接着，你白天低效率，上课补觉，作业拖延，浑浑噩噩，又到了晚上安慰似的“熬”到很晚……这样的恶性循环被你幻想性地包装后，变成了努力的样子。何必呢？古人云：贵有恒，何必三更起五更眠；最无益，只怕一日曝十日寒。无效率的熬夜只是满足了自我安慰般的自恋，最终的结果是身心疲惫，得不偿失。

这里向你介绍一个我的好习惯，前一天晚上在小纸片上写好第二天的任务，不熬夜，第二天早起，集中大块时间完成任务。如果提前完成，就可以做些自己喜欢的事情。现在也这样，喜欢简单的生活，上班时在工作台历上写上今天必须要做的事，然后根据事情的紧急程度，先从简单易做的开始，做完一件划掉一件，便感觉轻松一点，到下班时看看一整天的工作大都已按计划完成，便有一种成就感和喜悦感，心态自然放松。晚上睡觉时做个简单的小结，想想第二天要做的事，便可心无旁骛地轻松入睡。每到新年我都写一篇《新年心语——我的20XX》对全年做一个总体评价，对来年有明确的憧憬和向往，这样周而复始，看似按部就班，其实也不失为正确做事的一种方法——增强计划性。多年下来还是有很多的收获，便觉得没有虚度光阴。

也经常有人问我：选择和努力哪一个更重要？其实都重要。先选择方向，然后踏踏实实的努力前行，道理很简单，贵在始终坚持，不断反思提高，才会有真本事。总之，对自己宽容一点，效率高一点，眼光长远点，脑子灵活点，再保持一个基本的生活节奏，踏踏实实努力，就已经很好了。

好家风铸就好人生

> 朱老师，最近学校让我们回家和父母一起商定家风家规，我兴致勃勃地和爸爸妈妈讨论，可他们不太热心，还觉得我烦，让我很受挫，我真不知道他们是怎样想的，难道是我错了吗？
>
> 学生：李元明

元明同学：

我首先要告诉你的是你绝对没有错，没有！错的反而是你的父母，是他们不懂得家风、家规对个人成长的重要，所以你一定要敢于坚持，据理力争，说服他们和你一道完成这个十分有意义的作业。

为什么这样说呢？因为家风是一个家庭或家族的风气、风格与风尚，也就是说一个家庭的生活方式、文化氛围构成了家风。而家规是指一个家庭所规定的行为规范，也叫家法。古人说：“国有国法，家有家规”“不以规矩，不成方圆”。一个家庭乃至国家要想兴旺发达，做人做事都要懂得守规则，重风尚，讲规矩，所以家风和家规都是中国传统文化的重要组成部分。

“清正和睦、勤俭节约、务实亲民”是习近平主席的家风，对他产生了深远的影响，为他“扣好了人生第一粒扣子”，打好了价值观的底色，让他在成为一国领袖后，始终带着良好家风赋予自己的浓浓家国情怀。因为在他看来，“家庭是社会的基本细胞，是人生的第一所学校”，而正是这个课堂，塑造了习近平主席的领袖气质，也成为他治国理政的理念源泉。

作家钱钟书也是在好家风的熏陶下成长起来的。他的父亲是清华有名的国文教授，偏爱古书，平时总会看书抄书，并在摘录本上写上自己的看法。钱钟书正是秉承了父亲治学严谨的风格，踏踏实实地做学问，惜时如金，淡泊名利，毕生致力于文学研究，才成了闻名遐迩的“博学鸿儒”。

蔡元培也曾在《中国人的修养》里写：“家庭者，人生最初之学校也。一生之品性，所谓百变不离其宗者，大抵胚胎于家庭中。”由此可见，一个家庭的人生态度和精神风貌，会在潜移默化中代代相传，润物无声。一个家庭里为人父母的心态、意志、教养、价值观、生活习惯，这些都是无形的财富，会影响着这个家庭的走向和子女未来的成长道路。

在此我也想提醒你的父母，眼见决定境界。为人父母者，千万别想着安于现状，相反要给孩子创造良好的受教育的条件，和孩子一起成长。如果你们将好的人品修养、生活习惯以至一门技艺上升为好的“家风”传承给子孙后代，会对孩子未来的健康成长产生深远的影响。但如果你不努力，就会轮到你的孩子加倍努力；你不成长，你的孩子同样难于成长。

所以请记住：良好的家风，是一个家庭最好的风水，胜过千万名校。好家风成就好风景，铸就好人生！

给孩子的书信

2005年，因工作关系，我独自一人从楚雄州教育局教科所调到了昆明市西山区教育局，初来乍到，形单影只，思乡之心尤切。当时女儿朱亦佳正值小学六年级的关键时期，让远在异乡的我对她的成长忧心忡忡。于是想到了用书信的方式和她交流，一方面缓解寂寞思念之苦，另一方面能给她点正面积极的引导。10年后的今天，我都已忘记了还有这件事，感谢女儿能把它完整地保留了下来，前几天翻东西竟然全部从箱底翻出，它勾起了我对那段艰难岁月的清晰记忆……

给孩子的书信　①

亦佳：

你好！

也许你觉得奇怪，爸爸怎会用写信的方式和你交流。要知道，爸爸最厉害的是口才，今天能有一点点进步，也全靠平时练就的一张“朱嘴”。而现在却摒弃口才不用，反而拿起笔来，尽管没有女儿的字写得好，但字字句句出自真情，说的都是爸爸的心里话，表的都是我们父女情。尽管这样做会有一些麻烦，会耽误你我的一些时间，但我觉得值！假如爸爸写信的一片苦心，对女儿的一番拳拳之心能被女儿接受，你能从中受到一点启发帮助，能解除心中的一些疑惑，能在书写、文章上有所进步，那每周、甚至每天让爸爸写都值得。

幺妹，爸爸妈妈把你带到这个世上已经 12 年了。12 年不是一个小数字，它在人世间是一个短暂的周期，12 个春夏秋冬，12 年艰难困苦，我们一家人快乐地走了过来。转眼间你已从刚生下的毛头小丫头，长成一个漂亮俊秀的大姑娘，而爸爸妈妈也已人到中年，皱纹悄悄地爬上了额头，妈妈那年轻秀美的脸上也有了斑点，昔日英姿勃发的爸爸现在也已发胖，再也不能重现昔日球场之雄风。想起这些，会有些伤感，因为青春不再，盛年不重来，但我们又极为高兴，因为从你的身上，我们看到了自己青春年少的影子，感受到了花季年龄的滋味儿。特别是你学习刻苦，书写、绘画都有长进，文章也越写越好时，我们的高兴劲儿就甭提了，因为你的成功便是我们最大的快乐，你的进步是我们最大的渴望，你是我们最好的作品，爸爸妈妈会因为女儿的点滴进步而感到由衷的喜悦和幸福的。

幺妹，离开你们来到昆明已 8 个多月，尽管省城是个花花世界，有很多值得自己去努力奋斗的东西，但我的心还是留在楚雄，留在了你和妈妈身边。从我和你妈妈相识在大姚师范成为一家人后，我们便相亲相爱地生活在一起，有了可爱的你，我们的家庭更多了欢歌笑语。自己的努力加上领导的赏识、关爱，使我们一家人又来到了楚雄，和睦平静地生活了 6 年，无论遇到什么，我们都愉快、坦然地接受。而现在，爸爸又离家远走，昔日天天吃在一起、笑在一起的一家人，转眼间各奔东西，离愁别恨、漂泊流离的滋味，你是难以体会到的。所以只要有机会，爸爸不论怎么艰难，都想回来和你们在一起，哪怕每周要花费近百元和五六个小时寂寞难耐的旅途，因为在家里有我的牵挂，我的挚爱，它是我生活的支柱，我精神的源泉，我将为它付出我全部的精力和爱。

幺妹，每次回家看到你长高长大的同时，我也惊喜地发现你渐渐摆脱幼稚走向成熟，你开始有了心中的秘密，有你的朋友，更重要的是开始有自己的思想，尽管还略显稚嫩，但不要紧，谁不是一步一步从嗷嗷待哺的婴儿到蹒跚学步的孩子，再到奔跑如飞的花季呢？尽管你有时任性，偶尔发点小脾气，向大人撒撒娇，并不时有躲躲闪闪的举动让我们担心，但爸爸妈妈能理解，也相信你会正确地处理各种事情，不会让父母为你过分的担惊受怕。任何外力都无法改变一个人内心的感受，除非内因起作用，深刻地感受到了这些不良习惯的坏处及对自己的影响。总之，爸爸是很放心的，我相信爸爸妈妈的知识水平，我们一家人的和睦亲密会潜移默化地影响到你，我们的女儿也会像她的爸爸妈妈一样豁达开朗、才华横溢、卓越优秀的，而且会比爸爸妈妈更优秀、更成功、更出色，我坚信你一定会这样。

孩子，也许你现在早已入睡，根本想不到爸爸一天辛苦后又在奋笔疾书，和女儿敞开心扉交流谈心，尽管有些辛苦，但心里很愉快，因为是和最爱、最知心的人分享快乐，痛并快乐的滋味是别人无法感受到的。爸爸今后会努力坚持下去，争取每周都能和女儿共同分享这份独特的快乐，我会用书信这种最古老的交流方式陪伴女儿踏上人生的旅途，把发生在咱家、我们周围世界的一些事告诉你，让你更清楚地了解爸爸妈妈所走过的路，所经历的一些人和事，使你养成一些良好的品质。也许你会笑爸爸老土，一点也不现代，或者会对爸爸的书信不屑一顾，但只要有时间，我会坚持下去，每周最少一封，或长或短，我希望你能把爸爸的书信好好保存，把它当作最珍贵、最值得珍藏的礼物，它会见证爸爸的正直、才华和对女儿的一片痴情与期许。在此我不想给你压力一定要你回信，只希望你能愉快地接受，假如你觉得有必要或者是真的爱老爸并喜欢这种形式，那么我们把这种通信方式好好保持下去，能坚持多久算多久，乖女儿，你说呢？

对了，这事暂时别让妈妈知道，就我们父女之间知道，让它成为我们之间的小秘密，好吗？暂此，下周谈。

祝：快乐！进步！

爱你的爸爸

2006年4月20日晚10：30

给孩子的书信 ②

幺妹：

你好！

原来爸爸说过争取每周都给你写封信，好让我们父女俩有个交流的平台。我把爸爸妈妈对你的希望和要求提出来，你也可以把你成长的喜悦与烦恼告诉我们。希望我们家里充满了和谐民主的气氛，一家人融融洽洽，心无滞碍，可以畅所欲言，直抒胸臆，成为一个和睦之家、幸福快乐之家。

遗憾的是前两封信由于通过邮局寄，估计无法寄到。信里面有很多关于阅读、写作和做人做事的东西都付之东流，但也没啥，逝去的可以重来，只要我们父女俩心意相通，就没有什么可以把我们分开的。上封信里我检讨了自己不带你去游泳的不是，觉得你提出的要求正当而合理，我理应答应，但没能做好，有些对不起乖女儿。但上周我回家决定履行诺言，带你去时，你又出尔反尔，不愿前往。我才知道你不去是因为没有同学和你打闹，玩心得不到满足因而如此，又让我的心里有些不快。其实我也理解你，爸爸妈妈忙于工作、生活，你希望有自己的朋友和交际圈，希望在友情中找到一些快乐，我也尽可能地给了你方便，希望你能像磁石一样得到朋友的认可和喜爱。的确，一个没有朋友的人是可悲可叹的，快乐、幸福无人分享，痛苦、忧愁无人分担，生活里会缺少许多阳光和雨露。但我今天要跟你说的是交什么样的朋友的问题，不能说你的朋友不好，她们其实也很可爱的，但关键是你们在一起喜欢谈些什么？比些什么？玩些什么？有时我觉得你已长大，开始理解爸爸妈妈，体谅家里的难处，尽可能努力地让我们满意；但有时我还是担心，朋友之间应该真诚相待，互相促进，取长补短，共同进步，但你的一些朋友我认为做得不好，讲假话、骗父母、天天打电话向你问作业，说明上课不是很专心，想的是吃、玩、疯，不会从激发学习兴趣，培养综合素质入手。有时我觉得你还那么的孩子气，养小动物、看《老夫子》、喜欢带不懂事的弟妹疯玩，一副老也长不大的样子，让我们又好气又好笑。去年到版纳旅游，李羽剑哥哥教你们背诗词、玩成语接龙、做数学游戏时，你们还颇有微词，由此看来你还太幼稚，让我忧心忡忡地为你们担心。

亦佳，下学期你即将到昆明上学，高新一中属民办学校，每年收费近1万元，3年下来要3万多，目前对我们来说还是有一定的难度。但我们没啥可说的，只要你听话、懂事，理解、体贴我们，再苦再累我们也心甘情愿。但问题是在学校里能不能学好？会不会和二妹一如既往的瞎胡闹，这才是我们最担心的，千万别3年出来钱花了，但却没什么收效，甚至变得面目全非，那我们岂不是竹篮打水一场空？那样的话会成为我们一辈子的遗憾的。当然我们相信你们俩不会，但有时你们的自觉性、自制力的确有问题，所以我有必要提醒你。

爸爸妈妈今后的工作会更忙，对你们的教育也会越来越紧、越严，因为初中三年是人生中最基础、也是最重要的阶段，承上启下，走得好会一帆风顺，走不好会荆棘满坡，希望我们一家人微笑着面对生活，面对着即将到来的一切，坦然而行，好吗？

祝：一切均好！

深爱你的爸爸朋友：朱景忠

2006年5月11日

给孩子的书信 ③

亦佳：

你好！

听妈妈说你写了封信给我，带来昆明时又落下，真遗憾。不过你也应该注意改正一下自己丢三落四的坏习惯，既然写好了，就应把它当作一件极为重要的事情牢记心间，怎可乱七八糟、惊慌失措呢？

我不知你写了些什么，但我希望看到的是你真情的流露，是你发自内心的肺腑之言，是你与父亲的坦诚相待。是啊，转眼间你已12岁，已经开始懂事，你不再是只会贪玩的小孩，而马上要成为一名初中生，初中绚丽多彩的生活即将展现在眼前，那将是丰富有趣，也将是紧张忙碌的。三年中你将学到很多的知识和技能，将结识很多的朋友，你将用少年敏锐的眼睛来观察、认识、了解社会，逐步养成良好的学习、思考、生活的习惯。当然，假如你无心向学，一味追求享乐，结交不良朋友，也会走向反面，成为令父母蒙羞、老师担心、同学唾弃的“小太妹”。但我百分之千的相信，朱景忠和李晓卉的女儿绝对会，也应该会成为一个人见人爱、品学兼优、受人敬重的人，否则爸爸妈妈将以什么面目来面对学生、家长、同事？

幺妹，人生在世，良好的习惯会塑造人、改变人，对人的一生影响很大。像爸爸，文艺、文学、语言艺术，使爸爸从大姚到楚雄又来到昆明，它也将影响我的后半辈子。你现在还谈不上有多少好习惯，相反做事拖拉、没有时间观念、不善收家、懒惰怕事等却很突出，这不好。像这次作文，本来你能及早做，完成一篇便是一篇，到昆明过“五一”又何尝不能做？但我未曾听你说起，看到的依然是玩、玩、玩，乐、乐、乐，没有一点紧张感。“平时不烧香，临时抱佛脚”，弄得全家人都为你忙前忙后，这将来对你是极其有害的。有一个成语“玩物丧志”，讲的是一个人如果过度的追求那些无聊而又毫无意义的东西，便会丧失远大的志向。尽管我没有要求你怎样，但我认为我女儿应该是一个有远大的志向、有抱负、有才华的优秀分子，她善良淳朴，她才气十足，她孝顺听话，会成为一个对国家、社会有用之才，你说是吗？

古人有一首《明日歌》，诗中写道：“明日复明日，明日何其多？我生待明日，万事成蹉跎。世人苦被明日累，春去秋来老将至，朝看水东流，暮看日西坠。百年明日能几何？请君听我明日歌。”道出了很多人不成功的原因就是拖拉、拖沓，不会抓紧时间。你背过朱自清的《匆匆》，有一定感受，这首诗你也背一下，不懂的问问妈妈，对你一生都会有好处的。今后我也要在这些方面多努力，我们一家都应该坚持不懈，做学习型的家庭，读万卷书，行万里路，和睦团结，令人羡慕才行，你说好吗？

上次让你看了马宇歌的事迹，不知你有何感想？尽管我们也做得不好，也不能要求你像她一样出名，但她的一些精神和做法可以启迪我们，可以促使我们一同努力，她的勤奋好学、勇敢顽强的精神，她的读书、交友、励志、历练等都可以成为你的榜样。俗话说“跟好人学好人，跟着师娘跳假神”，一个人如果能广泛地吸收、接纳优秀成功者的思想、行为，并努力去实践它，一定会成功的。因为她天天都接触到好的东西，久而久之就会改掉一些不良的习惯，也成为优秀的人。而这正是爸爸妈妈，我们全家所期待的。好，今天就暂时到此，下次再谈。

祝：天天开心，愉快成长！

你的爸爸朋友：朱景忠

2006 年 5 月 23 日

给孩子的书信 ④

亦佳：

不知你发现了没有，这次爸爸回家心里很不愉快，几乎是含着泪、心情郁闷地离开的，这自然和那晚你与妈妈顶嘴，引得她大发雷霆有关。昨晚打电话回家，她又在那儿咆哮，怒不可遏，而你却还若无其事地回嘴，使我感到了问题的严重性，觉得如果再让这种现象发展下去，事情将变得不可想象。你妈妈会被你气得变本加厉，整天骂声不停；爸爸也会深受其害而成为受气包，吵也不行，骂也不是。那么好不容易才聚在一起的日子，便会失去原有的甜蜜和温馨，变成痛苦的折磨。难道你愿意这样的日子在我们家出现吗？我想很有孝心的你是不会愿意的。

幺妹，你在渐渐长大，也该体谅一下爸爸妈妈。就拿这次的作文选来说，如果你早一点动手，不要拖拖拉拉，何必弄得一家人为你忙个不停？星期六爸爸从早上9点一直写、改到12点，连水也没能喝上一口，晚上与妈妈为你的事顶嘴、吵架以后，一晚上都没睡好，心里很难过。星期天早上6点实在睡不着，又爬起来替你打最后一篇文章，写编后记，到7点时才又睡下，就因为这没帮妈妈打扫卫生，又引得她骂骂咧咧的。因此，这星期回家没有找到家庭应有的温馨、愉快的氛围，老实说爸爸是含着眼泪出门的。

孩子，不知你想过没有，从爸爸走后，妈妈就天天要照顾你的饮食起居、学习生活，每天再忙也要煮饭给你吃，而有时辛辛苦苦做出来，你还嫌不好吃，说怪话，这怎不令她伤心、生气呢？要知道她上着三个班的课，每天要备课、改作业，经常都是拖着疲惫的身体回家，每天天不亮又要早早起来上学校，任何事都要她亲自操劳，是多么的不容易。所以偶尔会有发火的时候，会有委屈你、冤枉你的时候，但你似乎不领情，还很犟嘴、顶牛，做嘴打脸的，这当然会使大人更加生气。一直在教育你做人要有个性，但并不是希望你在坏脾气上有所发展呀！正因为如此，你妈妈才横眉竖眼、气急败坏，有时甚至是歇斯底里，这对你是一种伤害，对妈妈又何尝不是如此？她已经很累很苦了，不要再让她经受这样的打击和折磨，特别这是来自她最爱的女儿的，就更不应该了。

再说爸爸也不容易，尽管来到了昆明，但这也并非是天堂，这里的竞争更加激烈，各种情况更复杂，我根本没有在楚雄优哉游哉的愉快，加之生活没有着落，每天早上吃食堂，下午就是面条、米线打发日子，没有亲人在身边，朋友也不多，只好看书、写东西打发日子，平时除了工作外，也要忙装修房子，忙你妈妈的工作和你读书的事，其实我心里是很苦的，唯一的想法是每周回家见见亲人，享受家庭生活，每次都要坐六个小时的车来回，都要花上百元的钱，为的就是一家人快快乐乐、幸幸福福地在一起过 2 天的周末，可是由于你的偷懒，爸爸妈妈都要为你忙，为你吃饭、睡觉的事吵架、闹矛盾，这是多么不值得呀！所以你也要好好的体谅爸爸妈妈生活的不易，成为一个听话、懂事、孝顺的好孩子，这是我们共同的希望，也是我们发自内心的呼唤，希望你好好的体味、感受并受到熏陶和感染。

（应该还有最后一页，但没找到，很是遗憾，所以不知写了些什么？什么时候写的？）

给孩子的书信 ⑤

幺妹：

你好！

今天是全国统一高考的日子，莘莘学子满怀着父母和社会的希望走上考场，去迎接社会的检验，去接受人生中的一次重要的洗礼。尽管我说这些你还不一定能理解，但我觉得还是有必要谈，因为22年前我走进考场，后来成了云南师范大学的一名时代骄子，而2012年你也将走进考场，去为自己的理想与未来拼搏、奋斗，那将成为你人生中的又一个新的起点。我想到那一天，你绝对会以饱满的热情和信心去迎接属于自己的新的挑战的。

幺妹，22年前的我不满17岁，我的理想是当一名出色的律师，在法庭上慷慨激昂、伸张正义，由于我们家成分不好，是地主，在社会上很受别人的欺侮，因此觉得律师可以帮助我获得自信，可以帮助社会上没背景、没权势的人得到公正、公平的待遇。但苦于成绩不理想，特别是英语，高考时只得了39分，所以无奈之下只好选择了云师大中文系，想着今后用渊博的学识和良好的师德去帮助孩子走出愚昧、走向光明，医治孩子们心灵的创伤。说实话，这么多年来，我也是这样一路走来的，得到了领导、同事、学生的尊重和认可，也才能有今天从小县城到州府，再到省城的经历，对于这些，爸爸还是能够感到自豪和欣慰的。一个人，不可能如愿以偿地实现自己的理想，却能通过辛勤的努力，朝着所希望的方向发展，这就是爸爸这些年来的切身体会。

幺妹，你发现了吗？爸爸还有个理想就是成为一名好演员，但这一愿望也许永远实现不了啦。尽管我酷爱表演，也曾在小品、相声、课本剧、演讲上下过些功夫，取得了一些成绩，但毕竟半路出家，根底太浅，一直未能入流，到如今快40岁了，仅只能把它当作自己的业余爱好，不能真正有所成就，这是爸爸今生最大的缺憾，但我还是以能上台演出、创作剧本，有这份热情、信心和爱好感到自豪，因为它为我的生活带来了多姿多彩的感悟和体会，带来了别样的精彩和欢乐，我会永远怀念的。

幺妹，今天我听了一个老师的话，觉得很受启示。她认为生命的延续不在于你能活多少岁，而在于你的孩子能不能勇敢、顺畅地走下去，走得让父母安心、舒心。是呀，我们尽管不再年轻，但我和你妈妈有了值得我们骄傲和喜悦的你，你成为我们这个家庭中的接班人，你可以有远大的理想、抱负去实现，你可以用自己的努力来弥补我们的缺憾，去接受人生的考验，去尽情体会生命的价值，所以我们才会在你身上花费代价和心血，才会对你有殷切的希望和期待，才会让你学普通话、练书法，热爱文学、绘画，其目的都是希望你全面发展，今后能有一个你满意、我们满足的未来。当然你现在还小，我们也不会对你提更多的要求，但总的来说，还是希望你在幸福、快乐的成长中逐步树立目标，确定理想，今后才会朝着这个方向努力，你说好吗？

孩子，今天是一个特殊的日子，爸爸的话也许深了些，你慢慢地理解。

祝：快乐，再快乐！

爸爸朋友：朱景忠
2006年6月7号

给孩子的书信 ⑥

亦佳：

你好！

上周爸爸加班，没能回来，本周你妈妈上来考试，我也无法回家，仔细一算，又已是半个多月不能见面，我好想念你。

知道吗？上次回家看过你给我写的信，说特别思念我，每周都盼我回去，令我好感动。是啊！女儿已经长大，开始知道心疼父母、孝敬长辈，这难道不是一个进步吗？要知道，我心中的女儿理所当然应该是善良、淳朴、勤劳、才气、诗情画意等综合在一起的才女（要求过高了，爸爸妈妈也达不到），但我心里确实是这样想的，因为我希望我们的所有优点都集中到你一个人身上。

说到才艺，我想起你打电话说不想学画的事，其实在我心里，也没有一定要你当画家的欲望，在我看来，你现在学什么并不重要，重要的是养成一个良好的学习习惯，学会学习、思考、实践。爸爸自小生长在大姚，从小没出过远门，不知外面世界之大，眼界也不开阔，到大学后才开始学普通话、戏剧、相声等，至于绘画、音乐、书法则永远也不可能有所进步，这岂不是一种天大的遗憾？所以我拼命地练口才、学演讲，胆大皮厚，孜孜不倦，笨鸟先飞，才稍微具备了一些能力，而恰恰就是这些看起来旁门左道的能力帮助我战胜一个又一个对手和困难。走到昆明来，而这里更是人才荟萃，高手如林，爸爸并不算什么，更需要像海绵一样求取知识和养分来丰富自己的生活，承担起日常工作。可以说正是爸爸的一技之长起了作用，才会有今天的一切。所以你要记住这句话：人有一技之长，胜过良田万顷。试想，没有这些才能的帮助，爸爸会有今天吗？金伟叔叔如果不是写得一手好字，能调到楚雄从事自己喜爱的工作吗？代存义叔叔如果不是绘画好，他能来到楚雄二中教书并指导学生高考吗？所以从未来社会发展的特点来说，更需要有各行各业的杰出人才为社会创造财富，也能实现自己的人生价值，做自己喜欢做和愿意做的事，所以爸爸才希望你学习书画，试着用手中的画笔描绘祖国的大好河山，用手中的毛笔写出书法的神韵，让自己终生受用。让你喜欢文学、写作，你就可以写出人世间的酸甜苦辣，描绘人生百态，演绎动人的情怀。使你在学习中思考、成长，让自己在社会中能如鱼得水，左右逢源。到那时，我相信你会发自内心的感谢爸爸妈妈为你创造了条件，打下了基础，拥有了比其他同龄人未曾拥有的富足。

幺妹，今后你学什么，做什么事，成为什么样的人，是由不得爸妈的，要看你自己的努力和辛劳。但你只要拥有了生活中某一项本领和技能，能全力以赴，全身心的投入，它会让你一辈子受用无穷。所以尽管现在你感觉有些苦、烦、累，但一分耕耘一分收获，当你手捧自己《花开的声音》作文集，看着自己精心绘制的葡萄、宣纸上留下你满意的墨迹、一张张奖状记录你成长的足迹时，你会由衷地高兴，因为你是一个热爱成功，也能成功的人，你将来也会更加热爱生活，去创造美好的生活的，是吗？

爸爸妈妈很清贫，我们家也不富有，但我们希望给你整个世界，希望你拥有快乐、完美的青春，因为我们最宝贵的财富是你——我的乖女儿亦佳。

祝：忧、幽、优！

爸　爸

2006 年 6 月 13 日

给孩子的书信 ⑦

亦佳：

你好！

“千呼万唤始出来”，在望穿秋水的等待中，我终于得到了你的来信，杜甫云：“烽火连三月，家书抵万金。”我此刻真正理解了他诗中的真实含义，因为来自家乡、亲人的消息是最珍贵的，我高兴都还来不及，怎会流泪呢？

幺妹，看着你娟秀的字迹，爸爸惭愧不已，看到女儿文从字顺，情真意切，略有文采，我高兴异常，因为女儿渐渐长大，慢慢成熟，她已经开始用心来感悟亲情，用行动来表达她的孝顺之心。你送我的礼物别致精巧，饶有趣味，现在就放在我面前，背后是你满含笑意的照片，让我不由自主地萌发了做父亲的自豪感。我相信在未来的人生道路上，女儿会朝气蓬勃、英姿勃发，会以优异的成绩赢得社会的尊重和认可，会成为优秀人群中的佼佼者，一定会超过她的父母，成为受人敬重和喜爱的优秀青年的，我将满怀信心地等着这一天早日到来。

幺妹，你和爸爸说知心话，我非常高兴，因为交流、沟通会使我们更深刻地相互了解，消除误会、明辨是非、共同进步。我和你妈都是颇有修养的知识分子，不是那种不通情达理、不谙世事、蛮横无理的人，都希望通过恰当的教育方式达到良好的教育目的。当然，有时我们也会发火，也会怒不可遏、专制霸道，但往往是你不听劝解、执意妄为或顶嘴赌气所致，但事后我们也后悔，觉得方法简单粗暴，缺乏耐心，换位思考不够。今后我们会注意这些方面，尽量克制，多摆事实、讲道理，在理解的基础上达成共识、达到目的。不会轻易暴跳如雷、嘶声咆哮，或是过早出现“更年期综合症”，因为这样做对家庭的和睦、夫妻感情的维系、父女和母女之间的亲密都是一种伤害。总之，各自多做自我批评，不要老盯着别人的不足，多看优点、学优点，一切都会好起来的。至于你，想必也知道该怎么做，不要太任性，自以为是，有时站在我们父母的角度想一想，也就释然了，因为我们全心全意地希望你成长快乐，将来幸福如意。

爸爸有时脾气不好，甚至经常动手动脚地收拾你，对不起，今后我不会这样了，我将用更多的细心、耐心来关注、关心你的喜怒哀乐，静静地聆听花开的声音，品味你的酸甜苦辣，指导你一步一个脚印地走向成熟，走向未来。

幺妹，人生有得必有失，有些东西并不能同时拥有，所以要认真地分析得失。比如说想看世界杯，就必须牺牲睡眠，想尽情欢乐，就必须牺牲做作业的时间，就要看你怎样来取舍。能和代存义叔叔学绘画是极为高兴的事，今后上昆明来也许就永远没有机会了，而睡懒觉、看球赛随时都可以做到，所以妈妈和我的意见是一致的，你也不必埋怨我们，因为我们要为你的成长负责。那种一遇到困难就找帮手、靠山不是好办法，要靠自己，特别是希望爸爸支持你不太正确的意见，支持你玩物丧志，你说爸爸会吗？所以今后要学会动脑筋分析思考，不能轻易流泪，这是没志气、没主意、软弱的表现，爸爸培养你讲相声、演小品就是希望你天天开心，用笑声驱散阴霾，用快乐代替悲伤，今后要好好地领悟：爱哭的孩子往往是没出息的人。

爸　爸

2006年6月15日11：00

给孩子的书信 ⑧

亦佳：

你好！

知道你顺利通过了毕业考试，结束了6年小学的生活，在此，爸爸向你祝贺，祝贺你以优异的成绩通过了考核，成为一名合格的小学毕业生，迈向了人生旅程的第一步。

幺妹，小学阶段，是一个人学习生活的开始，也是万里长征的第一步，在一个人的一生中是极其重要的。你还记得吗？6年前，小小的你睁大胆怯而好奇的双眼走进校门，坐在教室里，听张凤琼老师讲话，成为一名小学生。6年来，在学校、教师的精心哺育下，你如同破土的幼苗，在雨露的滋润下茁壮成长。你在汲取知识的养分，不断丰富自己的人生；你参加了舞蹈队，用艰苦的训练和一丝不苟的表演赢得了掌声；你参加了演讲比赛、故事会、卡拉OK比赛、作文竞赛……总之，你用少年儿童健康、积极、向上的精神，投入到了多姿多彩的校园生活中，获得了秋天收获的喜悦，那一张张获奖证书，一篇篇精美的文章，绘画、书法作品，舞台剧照，就是你真实的写照，记录你成长的足迹，爸爸妈妈也便是在"聆听花开的声音"中看着你一路走来，健康快乐。所以有机会你要好好总结一下这6年的生活，认真反思一下得失成败，对自己有个清晰明确的判断，同时也便于为今后的发展打下坚实的基础，可以认真地设计未来，明确努力方向，使自己目标清晰，方向对头，躬身实践。

幺妹，小学虽已毕业，但今后的路还更长。它仅只是你人生过程中短暂的一瞬，不需要你在懊悔和叹息中驻足停留，更需要大步向前迎接挑战。应该说在小学你养成了一些良好的学习习惯，如按时完成作业、认真听讲、课前预习、课后复习、书写认真、勤于思考、团结友爱、尊敬师长等，这些在你未来的人生过程中都极为重要，会影响你一辈子。但你也有一些不好的习惯，如有畏难情绪、做事马虎、不想动脑筋、不珍惜时间、贪玩任性、做事缺乏条理、毅力不够等，都还需要在今后的岁月里进一步改进，扬长改短，使自己真正成为一个优秀的，让同学、老师、家长认可的好少年。

孩子，你也许会觉得爸爸的要求有些高，我也承认过早的提这些要求有些苛刻，甚至是强你所难，有些事爸爸妈妈都不一定做得到、做得好。但我只是希望，我们愿意为你的成长付出辛劳，为你快乐、健康的长大倾注我们的心血和汗水。尽管我们都很平凡，没有丰功伟绩，没有一官半职、洋房汽车，但我们都有一颗善良、朴实的心，有一种兢兢业业、爱岗敬业的责任感和使命感，我们活得清清白白、堂堂正正，用我们辛勤的努力赢得了社会的尊重和认可。所以，我们也希望你成为这样的人，而且应该比我们还要优秀、出色、出彩，因为你将来的点滴成功，都将成为我们幸福的源泉，你的快乐幸福，是爸爸妈妈一辈子的追求和向往，我们现在一切的努力都不求任何的回报，我们只是虔诚地祈祷上苍，希望在我们为你提供能力所及的范围内，你会珍惜、努力、创新，不辜负我们的厚望，为自己的未来书写华美的乐章。

好闺女，又是假期，又到你放飞心情与快乐的日子，这也许将是你最快乐的一次，你将如何度过？好好设计一下，定个大致的计划，让美丽的假期开始，让新的一天随着东升的太阳灿烂、明艳，好吗？

祝：我的乖女儿天天有个好心情！

爱你的爸爸

2006 年 6 月 29 日

整理完写给孩子的书信，不由得心潮起伏，虽然过去了整整 10 年，但那一幕幕仿佛就发生在昨天、今天，现在读起来依然清晰可辨。也许我没有多少文采，也许对其他人没有太多借鉴，但我的每封信、每句话绝对出自真诚，发自肺腑，凝聚了一个普通父亲对孩子成长的拳拳之心、眷眷之意，所以我几乎没做任何改动地记录了下来，它将成为我生命中一段刻骨铭心的记忆，永远流淌在我们父女亲情的河流中……

给孩子的忠告

爱出者爱返　福往者福来

最近接触了一些青春期亲子关系方面的案例，绝大部分是母亲和孩子的矛盾，主要是数落孩子无情、冷漠、自私、不听话、不爱学习等，有的矛盾还相当尖锐，甚至于相互对峙、伤害，大有水火不容之势。看着那声泪俱下的母亲、摇头叹息的父亲和满腹委屈，可怜、可叹亦可悲的孩子，感慨良多，不禁想到了自己的女儿——幺妹。

小家伙出生在1994年4月1日愚人节，以致每次邀人过生日总是充满了玩笑的色彩。都说给孩子取名是大学问，非要图吉利出高价请大师赐予，我却不以为然，自作主张地取了个怪异的名字。那还是生她那天在大街上有朋友问是“锅边转”还是“满山跑”？我说是个丫头，没想到朋友迟疑了几秒才勉强说“也好，也好”。难道生儿子就该说“好”，而生姑娘就只能是“也好”？一怒之下就决定干脆取名叫朱也好，这在当时多少有点赌气的味道。但仔细一想老天爷既然在愚人节把她送到我的身边，那肯定是好的，比起没结婚，或是结婚了生不到孩子，那自然也算是好的，这样一想也就释然了。但考虑到两口子都是语文老师，取个名字像开玩笑到底有点不妥，便用语文的方式变通为朱亦佳（其实也是朱也好），并自题歪诗一首：“生女取名叫亦佳，亦佳生在幸福家；愚人节里啼声脆，长大成人面若花。”

可惜孩子不足月，出生后才2.25千克，加之奶水不足，体弱多病，从3个月开始拉肚子直到9个月才好，弄得我身上每天都有孩子屎尿的独特气息，起早贪黑跑医院、逛菜场、下厨房，日复一日。嘿，居然长大了！又跟着我从大姚到楚雄又来到昆明，出落成一个很乖巧、体贴而又懂事的孩子。每当过年过节，她都要发短信祝福我们："亲爱的妈咪，母亲节快乐！心里对您真是有无限的感激：每早，您不管有没有自习，只要我想，总要起来煮早点给我吃，每天中午，您雷打不动地回家给我做饭。您的细心、贤惠、优雅无一不影响着我，让我成为一个老师喜爱、同学欢迎的人，啊！我是如此平凡，却又如此幸运……""亲爱的老爸，感恩节快乐！千言万语，都在心里。用一颗真挚的心感谢您。虽然您现在略显啰唆，但那一声声问候，一次次提醒，无一不让我感到温暖，您的艺术细胞、语言能力一直影响着我，让我在同学中渐渐脱颖而出。虽然我可能不够优秀，但我不会停止通向艺术之路的脚步，我会用我坚实的努力来回报您对我的眷眷之情……""老爸，您终于回来了，今天是父亲节，送上一首专属您的《同桌的你》爸爸版哦：亲爱的爸爸你黑黢黢，可是我还是爱你，去出差你却还惦记，我是否惹妈妈生气。小时候我总不吃饭，你嚼后把我嘴塞满，我冷时你给我温暖，谢谢你让我心安。多希望你能天天开心，看到我的好成绩，我今后会更加努力，绝不会对不起自己。多希望一直陪伴着你，带爸妈到处旅行，多希望你不会老去，每天我们都在一起。"

也许是做咨询师看多了太多孩子的不幸与痛苦，深深感悟到只有快乐健康的家庭才能培养出健康快乐的孩子。孩子有问题，首先是父母有问题，是父母的教育方式、功利性的期望值有问题，症状出现在孩子身上，可病根是在父母身上。因此，我除了像爱护自己的眼睛一样苦心经营自己的婚姻，营造一个和谐、健康、民主、文明、快乐的家庭氛围外，还大大地降低了对孩子的期望值，只希望她成为一个健康、快乐、阳光的好人。受我的影响，亦佳高二时和我商量想学艺术，我自然全力支持，并告诉她适合自己的才是最好的，只要自己喜欢就尽力去追求、去创造，让生活里每天都歌声嘹亮，琴声悠扬，笑语不断，今后能多才多艺，用一技之长经营自己，服务社会。我们的支持坚定了她的决心，艺术求学之路尽管很辛苦，但她很快乐，每天都在兴奋愉悦中看到自己的进步，每天都充满了欢歌笑语。我们陪她参加比赛，陶醉在她优美的琴声里，欣赏她忘情地歌唱，尽情享受天伦之乐。尽管我不知道她最终将走向哪里，会飞多高，会走多远，但我相信她会一如既往、始终不渝地去追寻和创造，努力实现自己的理想和玫瑰般的梦。

明年她将参加高考，我很珍惜和她朝夕相处最后一年的短暂日子，每天夫妻俩轮流回家花样翻新地埋锅造饭，节假日不休地做好后勤保障，只希望能问心无愧，尽父母之职。否则大学四年只能假期和我团聚，如果将来工作她只能节假日来看我，到她成家有孩子，便只能我老人家送货上门去看她，待到孩子大点，我已经老态龙钟，时日不多了，因此最好的方式是活在当下，为所当为。

常言道：春华秋实，春种秋收，一分耕耘，一分收获，伤痕累累的背后也许是硕果累累。农民在春天怎样播种，夏天怎样耕耘，决定了秋天的收获，冬天才能衣食无忧，从容淡定。同样的，父母今天怎样对待自己的孩子，怎样花时间和精力去帮助他、引导他、鼓励他，决定了孩子将来的成就。不是每一朵花都代表爱情，但是玫瑰做到了；不是每一种树木都能越过寒冬，但松柏做到了；不是每一个孩子都能成功，但经过艰辛的努力，你可能就做到了。

“爱出者爱返，福往者福来。”真如是也！

2011 年 9 月 21 日

不能忘却的记忆

孩子：

你好！

今天是12月20日，是你去年在贵阳参加考试的日子，不知你是否还能忆起？那天底下最小的标间？那在车库里练舞时漂浮地让保安害怕的身影？以及参加考试时那紧张、焦虑得难以入眠的时光？尽管那一切都变成了过去，但对我来说，却仿佛发生在昨天，清晰可辨，难以忘怀……

从重庆一下飞机听到准确考试时间的惊讶，到留守重庆西南大学找人辅导，每天计划得那样周密，练琴、唱歌、视唱练耳，我们在校园里匆匆而来，匆匆而去，你拼命地学，想让付出的钱物有所值；我心疼地陪，看着你一点点的进步，我感受到了做父母的艰辛，晚上还要让你练习舞蹈，尤其难以忘记的是，凄风冷雨，你却不能午休，只能躺在我腿上休息片刻，又起来练琴的情景，让我甜蜜却又心痛。之后是重庆—昆明—贵阳—昆明飞来飞去，偷偷摸摸地找人、赔笑……最后你成功了，我的付出也得到了回报，如愿以偿，家里成了欢乐的海洋，你为老爸长脸，也为自己的未来打下了坚实的烙印，越过了生命中难以逾越的一道坎。从此，你心仪的校园里多了一个快乐的身影，校园的舞台上多了一只快乐的百灵，这是你、我、我们全家共同的心愿、心声。因此在前天，我编写了一则短信发给帮助过我们的老师："去年的这几天，我和孩子在西南大学度过了阴冷而艰难的苦学岁月，您的关怀、鼓励让我们倍受感动和温馨，难以忘怀。而今孩子已顺利考入音乐学院开始她快乐、幸福的大学生活，抚今追昔，更感受到了各位老师的拳拳之心及悉心辅导之意，唯用一则小小的短信表达一位父亲虔诚的感激和永久的祝福。”孩子，我想让你记住，为人在世，无论何时何地都要心存感恩，感谢生命中所有帮过自己的人。尽管我们经济上有所付出，但人家也付出了时间和精力，要学会少些怨恨，多些感激，你才会有越来越多的朋友和亲人，会给你的人生增添许多绚丽的色彩，说不定某个特定的机遇、机缘，会给你一种别样的精彩。

孩子，爸爸离开大学已快 30 年了，对如今的大学生活一知半解，有时难免会自以为是，因此望你见谅。但有一点我始终相信，那就是大学这 4 年是你们世界观、人生观、价值观逐渐成熟的最好时机，也是你们专业成长突飞猛进的关键时期，如果不能抓紧，或者是沉湎在花前月下吃喝玩乐中，这 4 年的光阴会如流水般不舍昼夜地逝去，留不下多少鲜活的印记，只平添了几许的无奈和惆怅。因此，我还是希望姑娘你学会思考，把自己身上的惰性去掉一些，用那些优秀学生的闪光点来感染和熏陶自己，用丰富、多彩的大学生活来充实完善自己，把能力提升、专业提高、素养锻造作为自己的兴奋点和亮点，不要太在意别人怎么活，怎么想，关键在于我自己怎么做，有何收获。一定要学着搞搞职业生涯设计，知道自己想干什么，能干什么，然后决定怎么干。把几年的时间分成若干阶段、步骤去逐步实施。不做也就罢了，做一件就全力以赴、倾心付出地完成一件，用成就感来支撑自己闪光的信念，激发自己的信心和勇气。即使一时半会也不见得有收获或是成功，但只要始终如一，坚持不懈，伤痕累累的背后，必将是硕果累累。所以我希望姑娘你不要偷懒，怕吃苦，趁别人睡大觉，无所事事的时候静下心来，埋下头去发展、挖掘自己的潜力，用实力说话，用成绩来选择和把握自己的人生，有理想，有追求，有时效地设计好自己大学 4 年的成长轨迹并付诸实践，向前走，莫回头，像爬山一样，一步一个脚印，最终你会有“一览众山小”的喜悦和兴奋。要知道，一口不能吃成个胖子，但胖子的确是一口一口吃成的，到你收获的时候，你就会知道它的甜蜜可口，会感到欣慰和满足的。

你老说你很平凡，让我不要高估你的潜质和水平。我相信这点，你妈妈和我的确出身贫寒，也没有把很多优秀的东西遗传给你，资质平平。但我相信，天道酬勤，天道酬情，正是有了不懈的努力和坚守，我们才能从小县城一步步走来，在省城也获得了自我的成功。正是因为有毅力、有恒心，樊倞娘娘上大学之前从未弹过钢琴却在大学练就了好水平顺利留校，现在更当了系主任。正因为能吃苦、不松懈，一天 8 小时的艰辛和努力，你原来西一中的钢琴老师，才能在昆明音乐界有一席之地……姑娘，这种身边的事例太多了，他们不见得有多少条件、潜质，但后天的付出弥补了潜质的不足，坚守的信念克服了畏惧的懈怠，我想你会从中受到启示的。你现在的条件、机会比我们、他们好得很多，只要愿意，你都会找到目标和方向，找到帮助你的老师、学友。所以要记住：千万不要为自己的失败找借口，为自己的松懈找理由，相反要为自己的成功找方法、找路径。“世上无难事，只怕有心人”，你以前所有的成功都是自己努力的结果，你将来所有的成就也必将是你今天付出心血的必然。所以我希望你能很好地调整心态，坦然面对生活，不要瞻前顾后，不要患得患失，用一种积极乐观、豁达向上的方式来迎接拥抱大学生活，增强自己的心理抗挫力，与人为善，以学为乐，你会很快乐的。

爱你的老爸

2012 年 12 月 20 日

爱情美好 也要悉心呵护

姑娘：

你好！

昨晚和你视频后，有几件事有必要再跟你说一下，以便你在和杰夫交流时把我们的想法告诉他，减轻一些不必要的烦恼。

关于爱情，我十分看重，我历来认为它是人生中最美好、最重要、最要十分小心处理的事。古人讲究门当户对，讨坏一门亲，害了三代人，你跟什么样的人在一起，你就过什么样的日子，爱情婚姻将决定你后半辈子是幸福快乐还是痛苦烦恼，实在大意不得。说实在话，当你告知我你恋爱的消息，我很是高兴，一家养女百家求，说明我的女儿优秀才有人追，当听说是外国人时，我头脑发晕，我们是本本分分的炎黄子孙，要接受一个高鼻梁、蓝眼睛的“老外”，心理过不了这坎，但你喜欢，我们还是接受了。生儿育女的目的是让你们快乐，你们如果不快乐，我们强逼又有什么意思？所以，春节他来的时候，我们是带着情绪接待他的，幸好他用自己优秀的表现赢得了我们全家人的信任和尊重，我才准许你和他慢慢相处。

对于他目前遇到的状况和遇到的困难我是这样考虑的。首先要正确面对现在的处境。他从美国来到这里，在昆明刚打开局面又来到重庆，一时的不适应是肯定的，包括工作、气候、人际关系等，都要有个适应的过程。再加上他不会中文，与人缺乏必要的交流探讨，困难肯定少不了，但既然选择了，是自己愿意的，是爱的力量使他愿意来到这里，就必须面对，埋怨、自责、情绪低落都不是解决的办法。唯一的办法是积极想办法来改变，要知道你改变不了别人，只能改变你自己，这就是生存的法则。所以你一定要鼓励他树立信心、勇气，中国的高尔夫本来水平就不高，重庆这几年扫黄打非，外围状况也不太好，场地的开放也有限，所以学生不可能蜂拥而至。尤其是他的绅士性格、美国人的处事方式、对中文的担忧排斥、对未来的不确定性，等等，会使他有点情绪。尤其是上班无所事事、百无聊赖，再加上同事的不配合、不诚信、欺诈等都让他心烦。这很正常，因此要提醒他不要期望值过高，尽心就行，一些想法要适合中国的国情、文化，否则希望太大，失望也会太大，会很受挫。所以不要着急赚钱，先稳定下来，把这个适应期平稳地度过才是正理。

他其实已经很不错了，不会中文却还能在昆明住了一年多并一直走到现在，有了稳定的工作、收入，尽管暂时没达到要求，却也不会过分窘迫，大家对他的认可度也在逐步提升，那些教练一直在向他偷艺，也证明了自己的实力。如果能继续坚守，利用这段相对空闲的机会，多一些自我提升，好好练习一下中文，试着多一些交流，何乐而不为？另外不是说6月份要参加锦标赛吗？那现在就是极好的备战阶段，有了强大的心理和物质准备，比赛才会有好的结果，争取拿个奖，这反过来可以激发自己的斗志，形成良性循环，对你们的未来才会有帮助。因此在自信心的树立方面你要多花点力量，让他知道他很优秀，有这么多年学习、练习的基础，是重庆目前最好的高尔夫教练，只要坚持不懈，在重庆这样一个发展极快的城市是一定会有效果的。只要信心不倒，一切皆有可能。

姑娘，现在正是他最需要心理支持的时候，因此你首先不能任性，把自己的心态调理好，不要给他额外的心理压力，先把自己的事如学习、生活、人际关系等处理好，不要再火上浇油。此外利用你的优势去帮助他，例如周末陪他上班，多听听他诉说，宣泄一下心中的烦恼，了解他工作的特点，替他接待学生，给他做推销，协助他处理好人际关系，广结人缘，和他们那里的人建立起良好的关系。我相信人家不会有意欺负他，只想占他技术好的便宜，所以也不要着急，慢慢地我相信他的温文尔雅和踏实认真会赢得学生的喜爱。同时要强制性地教他学中文，哪怕异常艰难也要坚持，每天一句、两句，日积月累也会很多。你要告诉他，连你妈妈为了将来和他交流都每天开始学一句英语了，他没有退却的理由。我们不会把孩子嫁给一个我们之间无法正常交流的人。所以你一定要请他理解我们的一片苦心和要求。至于他担心没赚到足够多的钱带你出去玩则更不必要，你现在的任务是学习、积累、提升、积淀，他的任务是创业，使自己变得强大，至于将来还不好说，有能耐了哪里不能去？什么不能玩？再说了，你一定告诉他我们家的经济状况也不错，要去哪里都不会过分窘迫，我们也是爱面子的人，请他不要太在意，不要有愧疚之心。我们看中的是他这个人的教养、涵养、学养，那种彬彬有礼的风度和从容不迫的绅士气质，还有就是对你的不离不弃，只要你们彼此真心相爱，我们不会太在意他的经济状况。我们相信他的能力、素质，更相信他的做人。

真的，我们对他唯一的一点要求就是不畏艰难困苦地学汉语，将来可以和我们进行简单的交流，对他的事业也将是极好的帮助，这是死命令。既然我们接纳了他，很看重他，也相信他能给我女儿带来幸福，那就请他尊重我们做父母的一小点愿望，要知道熟能生巧，积少成多，他一定不会让我们失望的。是吗？

另外，你这就可告诉若晔、樊舒多利用微信和他联系，帮助他学汉语，多听他聊天，鼓励他开开心心、积极阳光地面对每一天。

有什么再聊。

2013 年 3 月 5 日

青春无悔　岁月如歌

亦佳，我的宝贝：

今天是你的19岁生日，请接受爸爸妈妈虔诚的祝福：青春无悔，爱情甜蜜，事业有成，一生平安！

时光飞逝，日月如梭，转眼间，你已跨过了19年的风霜雨雪，从一个嗷嗷待哺的小不点变成了人见人爱的小美女、大姑娘。通过努力，凭实力考入自己理想中的大学校园，为自己喜爱的音乐事业去感受、拼搏、创造，未来在你面前展现出一幅幅诱人的姿态。说实在话，和我们比较起来，你真幸运，生在一个和睦幸福的家庭，有老爸老妈无微不至的关心支持，老师关爱、同学羡慕、朋友祝愿、自己努力，假以时日，你应该鹏程千里，踏歌而行，用阳光般的微笑和甜美的歌声还我们一个惊喜。对我们，不得不面对的现实是：人到中年，活力不再，老之将至，形单影只，晚霞夕阳，渐行渐远。不过没事，我们想得通，新陈代谢是自然规律，前人栽树就为的是后人乘凉，只要你们每天都有进步，感到幸福快乐，雏凤清于老凤声，一代更比一代强，我们就心满意足了。只是今天你应该好好地谢谢你的妈妈，19年前的今天，十月怀胎，费尽艰难，是她强忍着泪水，在撕心裂肺的痛楚中把你带到这个世上；又是她，含辛茹苦，废寝忘食为你单薄的身子骨担惊受怕，彻夜不眠，不计体型，不辞辛劳……儿的生日娘受苦，你的快乐日是妈妈的受难日，她实在不易，多给她些安慰，让她体会到"吾家有女初长成"的幸福甜蜜，仅此而已。

大学生活是人生中一笔宝贵的财富，它的异彩纷呈、绚丽多姿，值得你尽情地

去体会和感受，这将会成为你人生旅程中一道亮丽的风景，但不见得每个人都能欣赏得到。有的人热情洋溢地投入，感同身受地体验，废寝忘食地探索，如痴如醉地钻研，最终苦尽甘来，修得正果，令人艳羡；有的人自以为是，冷漠视之，无所事事，优哉游哉，最终落得个曲终人散，无所适从。大学 4 年犹如填括号，是用五彩的金线、秀丽的文笔把它涂抹得色彩斑斓、艳丽多姿、春意盎然，还是信手涂鸦，鬼画桃符、乱画一气，完全在于你个人的选择。难怪美国哈佛大学校园里流传着这样的说法：看一个人是否成功就是看他怎样利用业余时间，尤其是看他晚上8—10点在干什么。那么孩子，如果你现在感到学习动力不足、有些懈怠、有点吃力，那就要学会内归因，多从自己身上找找原因，我的潜力得到最大限度的发挥了吗？我对我的现状满意吗？难道这就是我想要的大学生活吗？如果没有、不是，那该怎么办？随波逐流、坐以待毙还是当机立断、起而拯之？答案在你的心里。想通了这些，你会觉得好受些，也会迅速找到解决的方法和途径。但你一定要记住，心动不如行动，想到就一定要去做，去尝试、去实践，做了就不要后悔，春华秋实，春种秋收，只要做了就一定会有结果的，也许表面上会伤痕累累，但也说不定会是硕果累累。人生最大的遗憾不是失败，而是从未开始行动，两眼在千里之外，两手在屁股后面是人生的大忌。至于你说其他同学似乎没有激情，学业懈怠，不思进取，沉湎在恋爱、交友、享乐上，记住孩子，你管不了别人，你只能把握你自己，日子是自己过，将来的路还得自己走。现在的所谓快乐、享受都弥补不了将来一事无成、身无长物带来的痛苦和忧虑。还是那句话：你要想得到别人的尊重吗？拿出你的实力来！所以你现在要做的，不是如何取悦别人，博取廉价的友情，而是要让自己的内心强大起来，凭实力赢得尊重。“会当凌绝顶，一览众山小”“待到山花烂漫时，她在丛中笑”，那才是人生的大智慧、大风景。

还记得假期我给你看的那篇文章《青春是一棵树》吗？其中有些话说得真好：做学问、练技能、去吃苦，这是青春时期的三件事。学问的高低，其实就是人生境界的高低。如果把童年和少年比作一棵树的话，那么，刻苦学习就是努力地汲取大地的营养，竭尽全力地向上长，长得够高，够粗，够壮，这样你才能作为栋梁，或者结出果实。而学习以外的事情，如玩耍、旅游、恋爱、享受等等，都是你的枝叶，有时候，貌似茁壮，貌似有生命力，但是，一旦被风吹雨打去，树的腰杆就不够硬朗。枝叶茂盛的，只配做柴火，枝干硬挺的，才能做栋梁。建议你要多看看这类文章，从中多汲取正能量，为你的大学生活多增添些积极向上、阳光明媚的东西。千万不要像有的艺术生平时只会寻欢作乐，遇到考试交头接耳，最终毕业欲哭无泪，面对压力无所适从，后悔当初，那才是人生真正的悲哀呀。

好了，孩子，本来你的生日爸爸应多带给你一些欢笑和宽慰，没想到啰啰唆唆竟写了这么多，也许让你心烦了，对不起。常言道：话多是焦虑的表现，是自己内心的恐惧太多使然。也许爱之深，才责之切吧，爸爸真是觉得开始老了，树老根多，人老话多，将来说不定会更多、更烦。但你记住，无论你走多远，身在何处，爸爸妈妈永远是你最坚强的后盾，永远在家里为你打开一扇门、一扇窗、一盏灯，在等着你快乐、健康、幸福地归来。

爱你的老爸

2013.4.1

祝愿与期望

姑娘：

你好！

知道你被评为艺术团部门之星，并进入了首届导游大赛决赛，我们都很高兴，虽然最后与冠亚军失之交臂有点可惜，但我们还是要祝福你，你用真实的实力证明了自己，赢得了尊重，这才是最重要的。要知道你才是个不折不扣的大一小女生，在别人看来是小不点、菜鸟，从报名的几百人当中脱颖而出，挤进 32 强就已不易，再挤进前 10 名就更难能可贵。更何况如你所说，你一上场，亮丽的服饰、娇好的容颜、精美的解说、动人的歌喉博得了满堂喝彩，摄影摄像都追着你，主持人也对你青眼有加，媒体记者也争相采访，领导颁奖也连声赞叹，成了整场比赛亮丽的风景，连你久经沙场的老爸都没有你这样荣耀过，所以你该满足了。人生有这样的尝试是非常必要的，它会增强你的自信和魅力，朝着下一个目标奋进，希望以后这样的机会会越来越多，你注意好好把握，使之形成良性循环后对你将来的成长会有很大的帮助。至于你说到比赛有黑幕、有潜规则，这很正常，有人的地方就有竞争，就有“关系”，别大惊小怪，愤愤不平，要知道大学也是一个功能齐全的小社会，绝不能幸免，任何比赛要保持绝对的公开、公平、公正是很困难的。相反我倒觉得正好让你从另一个侧面来认识社会、人生，以便增强自己的心理弹性和抗挫折能力，学会操之在我，坦然面对，“人不知而不愠，不亦君子乎？”

今天写信更想和你探讨的是大学阶段要学会做好两件事：一是经常总结反思，

二是注重生涯规划。古人云："学而不思则罔，思而不学则殆。"无非是提醒人们若要成长必须把学习和思考结合起来。我的成长经历告诫我，要想有所进步，学会反思是非常必要的，尽管有时这是一个痛苦的过程，但痛并快乐着，阵痛之后的欣喜和释然是别人体会不到的。所以我每年都要写一篇《新年心语》，从大学开始始终坚持写日记到现在，经常写博客、发微博、写信……通过不同的方式梳理情绪，调整心态，反思自己的做人做事、言谈举止，甚至每次讲完课后都要写点教学心得、培训体会等。总之，养成这样一个良好的习惯会一辈子受用无穷。比如说你进入大学以后，思想上还是会有些波动，为什么？是什么原因导致的？怎样解决？再比如你在主持方面的特长得到了发挥，你是怎样想的、做的、准备的？这次参加导游大赛成功的经验有哪些？还有什么缺憾和不足？今后参加类似比赛要注意哪些？目前专业发展上还有一些不如意，原因何在？怎样弥补？……诸如此类的内容很多，值得你好好地思考、总结和归纳，经过理性的分析后会得出明智的结果，其目的就是要提高认识、明确方向、快速成长。孩子，成长是要付出代价的，问题是决不能盲目地重复错误的东西，人可以跌倒，但不能两次在同一个地方倒下。很多人终日劳碌奔波，辛苦异常，最终却疲惫不堪，常常以失败告终，其中很重要的一点就是不善于总结反思，所以一个美国学者才总结了这样一个经典的公式：成功 =7% 知识 +38% 经验 +55% 反思。反思何等重要，可见一斑。建议你还是趁现在多读点书，有感悟时坚持写点日记、博客，好记性不如烂笔头，千万不要打发日子，消磨日子，而要学会积累日子，沉淀日子，日积月累便能熟能生巧，妙笔生花，久而久之就会出口成章、妙语连珠，不同凡响。

说到职业生涯规划，更是你现在就要开始做的，那其实是等同于关注、设计自己的未来，别等到学校要求才考虑。是呀，几年后你想干什么？你能干什么？你怎样去干？你的潜力得到最大限度的发挥了吗？你对自己的现状满意吗？你希望将来过怎样的日子？这些都是你们年轻人该及早思考的问题。有人觉得离毕业、就业还早，还遥远，何不潇洒走一回。因此在大学虚掷光阴，殊不知日月如梭，时光飞逝，待到临近毕业发现自己身无长物、一无是处时已经晚了，所以古人才说“白发不知勤学早，到老方悔读书迟”。因此你们要早计划、早实践，争取早出成果，为自己将来到人才市场上应聘时增加砝码，找个好工作。你比别人幸运，读高二时就知道自己要干啥，进大学后就知道自己将来要做啥，比昏昏欲睡等爹妈父母决定读什么学校、浑浑噩噩等毕业时再考虑干什么工作的其他人来说早了6年，这是多么宝贵的6年呀！2190个日日夜夜，生命当中最富有活力、激情的6年！！增长才干、汇聚人脉、实现理想的6年！！！你若能抓住机遇，未雨绸缪，专心致志，始终如一，秉承你的母校“把一件事做到底”的校训，你完全可以做出一番让自己惊喜、别人艳羡的大事、美事来。老爸遗憾没有这种机会，年轻时也没人提醒，自以为是，摸着石头过河，所以走得磕磕碰碰、遍体鳞伤，幸好得遇贵人指点、关爱，方能走到今天。所以老爸希望你不要固执己见，要善待他人，听取不同意见，真诚感谢你身边的贵人，甚至是折磨你的人，要知道正是由于他们的存在才使你更加坚强、坚韧、坚守。

针对最近网络上热议的大学校园暴力案件，我最后想说的一点就是与人相处，你口才太好，不服输，理屈词不穷，且言辞太过犀利，对于在台上演讲、辩论、主持、导游等固然很好，但生活中则要中庸一些，平和一些，适时笨拙一些，学会大智若愚，待人以宽，否则刚则易脆，树敌太多，容易伤人伤己。“成也萧何，败也萧何”，老爸就是个鲜活的例子，谨记，谨记！

爱你的老爸

2013年5月14日

爸爸，收到您的信，真的很感动，也有很多想法。参加完这个比赛，我觉得真的收获很多，虽然最后没有拿到奖金，但我用实力证明了自己，我收获了掌声与鲜花，自信与成功！我觉得自己当初参加艺术团是个不错的选择，那里的舞台很小，很简陋，但给我提供了很多的机会，在那里，我锻炼了自己，成长了，团里的人越走越多，留下的越来越少，我一直坚持着，我相信自己的选择没有错。对于未来，我真的不知道该从哪里考虑，实在觉得以后的生活学习变数很多。对，我也经常在想，我学音乐到底是不是对的选择，我是否真的热爱音乐到了想把她变成以后的专业，以后的饭碗。不知道为什么，最近总是对很多其他东西很感兴趣……

坚持是最好的美德

幺妹：

你好！

知道这久你很累、很忙，我们也心疼，但我觉得还是忙点好，充实、丰富、不寂寞，总比百无聊赖、无所事事要强得多。常言道：“水无压力不流动，人无压力轻飘飘。”任何的成功都不可能一蹴而就，“勤能补拙”“笨鸟先飞早入林”，让自己经常有事可做，被人需要是一件幸福的事，更何况你不笨。所以不要怕吃苦，不经风雨怎能见彩虹，历尽艰辛后的成功才最令人自豪，老爸老妈永远支持你。

你上次来信说到这久学音乐的感受，以及对将来的一些思考。我能理解，人生的道路上充满了变数，“良禽择木而栖”，不一定非要在一棵树上吊死，所以有想法并不为过，相反我还觉得你已开始学着为自己的未来思考、选择是件好事。以前爸爸因为内心的恐惧、担心太多，所以替代你选择的多了些（在此说声对不起，让你为难了）。现在才明白，其实生命的意义在于选择，当一个人不断为自己的人生做选择时，不管这些选择是对是错，它的生命都会因为自主选择而丰富多彩，心理能量都会不断增加。只有做过选择，一个人才算真正活过，过分地依赖父母选择、决定就使你们失去了自我成长的机会。但我还是想提醒你的是年轻人容易冲动、盲从、感性，情绪变化大，抗挫能力差，高兴时忘乎所以，目空一切，失意时悲观丧气，妄自菲薄，这都是心理不成熟、不稳重的表现。你最近在主持、导游大赛等语言类节目中得心应手，受人赞赏，因而感觉良好，而在专业上暂时没达到你的目标要求，便有点患得患失，心猿意马，这不是好事，还望你慢慢地要学会客观、理性地评价自我，找准位置，瞄准方向，扬长补短。说不定过段时间你的专业突飞猛进，有了闪光点和突破点，又会矫正思维，调整步伐，坚定专业信念也难说。

你想学古琴，这很好，这可是最具中国特色的古典乐器，为“琴棋书画”四大传统文化之首，对一个人修身养性、提高音乐素养很有好处。说实在话，现在的大学生想学点东西的人不多了。很多人一进大学就变得浮躁，以为船到码头车到站，可以轻松自在、吃喝玩乐、上网聊天、谈恋爱，殊不知这只是另一种历练的开始，对自己将来成长的意义更大，4 年以后要面对的才是真正的社会，才是凭实力赢得尊重的最后时刻。“狗走遍天下吃屎，狼走遍天下吃肉”，话虽丑理却正，物竞天择，适者生存，优胜劣汰，成者王侯败者寇，这才是实实在在的生活。我平时最信奉的是：人有一技之长，胜过良田万顷，天灾饿不死手艺人，无论何时何地，你的专业是谁也夺不走的。所以趁现在时间宽裕、精力旺盛多学点东西武装自己的头脑，免得将来一无所有，两手空空，枉自嗟叹。爸爸原来学演讲、朗诵、唱歌、演戏、快板、金钱板、心理咨询，当时觉得很苦、很无聊，但现在所学的东西可都用上了，不仅丰富了生活，有的还成了主业，所以你现在掌握这些技术绝对会有好处，这些表面上不起眼的东西如果能做到炉火纯青、登堂入室就变成了绝妙的艺术。尤其是我建议你学的京剧、古琴、二胡、葫芦丝等传统、民族的东西，将来一定会有市场。如果你有机会到国外，才会发现这才是真正的中国魅力之所在，是国粹之精华。学东西一定要人无我有，人有我优，人优我精，人人都会的那不稀奇，别人不会而我独有那才叫绝活。

但我要郑重其事地跟你说，想学是件好事，可一旦决定就要下点苦功，专心致志，克服心中的畏惧和偷懒怕事的恶习，拿出你去年艺考前练琴、练舞时的状态，3 年以后你定会成为此中高手，如果三心二意，半途而废，那就是自我否定。知女莫若父，你聪明伶俐，接受能力强，学什么会什么，这方面有乃父之风，甚至超过了我，从你学快板、钢琴、唱歌、京剧、主持、英语口语等方面都可看出你的过人之处，但你最大的不足是缺乏持久的恒心毅力和接受挑战的信心勇气，经不起挫折和失败，过分情绪化，如果不注意改变、改善，这将成为影响你走向成功的大忌。要知道，熟能生巧，成功就是简单的事反复做，就是矢志不渝，始终如一，永不言败，就是爬起来比跌倒多一次。阿里巴巴总裁马云有句经典之话：“今天很残酷，明天更残酷，后天一定会非常美好，但很多人却是死在明天晚上。”形象地说明了坚持的重要性，姚明也说：“宁可在场上跑死也不愿输掉比赛；坚持不一定成功，但放弃绝对会失败。”希望你好好体会！孩子，对你而言，坚持就是最好的美德，既然选择了，就努力开始行动，至于费用，你大可不必操心，老爸无条件全力支持！记住：人生最痛苦的不是失败，而是从未采取行动，笑到最后的人才是最会笑的人，老爸相信你！

2013年6月1日

心想＋行动＝事成

幺妹：

你好！

知道你这久正忙于考试，下月中旬也要回来，本不想过多打扰你。但一些感受如鲠在喉，反复萦绕在头脑之中，不吐不快，我担心思想的东西稍纵即逝，时过境迁之后再也寻它不着，留下遗憾。所以还是想乘兴就一些问题和你交换一下意见，“爱要大声说出来”，就算是年近半百的爸爸送给你2014年的圣诞、新年礼物吧！

遥想两年前，我们在西南大学阴雨连绵、寒蝉凄切中度过了苦涩难耐的10天。时光轮回，没想到老天有眼竟让我有机会这么快就来到你身边，“陪着女儿读大学”。哈哈，想起来还是挺有趣的！10天的时光不长，也很苦，我们父女见面的机会不多，但我还是深深感受到了你的刻苦、用心和上进。亲眼看到你在舞台上主持节目声清音脆、应对自如、台风端庄、有模有样，我发自内心的喜悦；听到同学们夸你参加“西大好舌头”脱口秀比赛一路伶牙俐齿，过关斩将，名列前茅，我由衷地赞叹；看你领着艺术团的学弟学妹们把老爸都难以驾驭的趣味运动会那大场面安排得井然有序、热闹非凡时，自豪感油然而生……10天里，我最大的感受是孩子长大了，翅膀硬了，你妈和我平日里的操心、担心、挂心都是瞎马自惊、杞人忧天，今后我应该留给你更广阔的世界，让你天高鸟飞、海阔鱼跃，去为你的理想和未来纵横驰骋，振翅翱翔。

上周和大爹他们到点哥哥的学校，回来后很有感触。都上午11点多钟了，6个人的宿舍有4个还睡着，有一个起得倒很早，可起来就开始打游戏，据哥哥说有的可以一直睡到下午两点，很多人到云艺都不是来读书的。我有些愕然，这大好的青春就在这热乎乎的被窝里消失殆尽，将来走上社会何去何从？幸好点点还做点事，他虽学的是摄影，但对声乐痴情不改，再加上原来学钢琴的底子，进校后参加了几次比赛，小有名气。这学期便邀约了几位朋友，拉起了个叫“看肆”的小乐队，当别人吃喝玩乐、呼呼大睡之时，他们抢占了个琴房苦心孤诣，秣马厉兵，坚持原创。哥哥作词、主唱、当键盘手，开始了追逐梦想的脚步，一来二去引起了广泛的关注，前不久还应邀到玉溪举办了第一场“商演”，虽然赚钱不多，但毕竟迈出了第一步，上周在学校举办专场，假期回楚雄还要公演，信心满满，勇气可嘉。对此，我非常欣慰，鼓励他们只要开始永远不晚，只要努力总有空间，从一无所有、一穷二白开始，做自己喜欢的事，和自己喜欢的人一起“痛并快乐着”，再苦再累也值，伤痕累累的背后也必将硕果累累，才不辜负自己的春春和梦想。

是呀，自古英雄出少年，各领风骚几小年。想当初你老爸也是云师大才华横溢的青年才俊，也曾叱咤风云、豪气干云，可星移斗转，世易时移，到如今年近半百，两鬓染霜，所以我生怕你们贪图享受，挥霍青春，重蹈覆辙，空自嗟叹，也才多了几分担忧与牵挂。“白发不知勤学早，到老方悔读书迟”，此等心情非亲身经历未可知也。常言道，会苦的人痛苦一阵子，快乐一辈子，不会苦的人快乐一阵子，痛苦一辈子。你们现在不吃读书、求学、历练的苦，将来就要吃仰人鼻息、被人颐指气使的苦，打铁要靠本身硬，实力是赢得尊严的唯一途径。所以我明知你很累、很苦、很需要休息，但还是鼓励你参加各种活动，学习各种技能来锻炼、提升自己，为自己的将来打下个良好的基础，如郑板桥所说：“淌自己的汗，吃自己的饭，自己的事情自己干，靠天靠人靠祖上不是好汉！”才能“待到山花烂漫时，她在丛中笑”。

记得在西大时我和你探讨过人生的三件事：我要什么？我做了什么？我得到了什么？是呀，你要什么？鲜花、掌声、爱情、事业、成功……都很好，都没错，30岁以前什么都不想，这辈子完了，无药可救，否则将来到了40岁以后还胡思乱想，这辈子更完了，更无药可救。所以我很高兴你有自己的想法，甚至容忍你偷着瞒着地做，“吃不愁，穿不愁，人无主见一世愁”，这方面我不担心。最想和你交流的是你为实现自己的理想和梦做了些什么？付出了多少？心想不一定事成，关键在于有没有采取行动，要知道人生最痛苦的不是失败，而是没有采取行动！所以，希望你拿出“二胡虐我千百遍，我仍待它如初恋”的精神来，无论做什么事，不做则已，扔到一边，别伤精费神，学会舍得，而一旦决定要做就要专心致志，始终如一，力求技高一筹，尽善尽美，做出点技术含量，做得让人心服口服，俯首称臣。还是那句话：技术的东西一旦达到炉火纯青、登堂入室的地步就变成了艺术。人有一技之长，胜过良田万顷，走到哪里都会有用武之地。

姑娘，也许老爸这么一说又给你增加了些新的压力，对不起，爱之深，责之切吧。但这是我做父亲的责任，“养不教，父之过”，说不说在我，至于做不做、做了多少则看你自己的选择，我相信人都是逼出来的，只要你下决心认真去做，你就会有收获。还记得那句话吗？“不是每一朵花都代表爱情，但是玫瑰做到了；不是每一种树木都能越过寒冬，但是松柏做到了；不是每一个人都能成功，但你努力了、付出了，你也做到了。”

顺便还想和你说的是，有机会多到雅诵琴行和戴老师他们交流一下，多感受一下他们那特有的艺术魅力，在家靠父母，出门靠朋友，氛围、气场、同伴支持很重要。《孔子家语》中有言：“与善人居，如入芝兰之室，久而不闻其香，即与之化矣；与不善人居，如入鲍鱼之肆，久而不闻其臭，亦与之化矣。”很多时候成不成功不是单纯看你，而是看你和谁在一起，和一流的人交朋友，潜移默化、润物无声，你慢慢就会变成一流的人，你的待人接物、人品涵养、才华气质都会春风化雨般受到熏陶和感染，否则喝酒找酒友、麻将找麻友、吃货找吃友，久而久之就只能是狼狈为奸、沆瀣一气、糟鼻子遇到臭猪头、挑粪的遇到放屁的——臭在一起了。

好，啰啰唆唆说了这些，你早烦了，我呢，有效无效，责任尽到，问心无愧即可。

2013 年 12 月 22 日深夜

飞扬的青春不寂寞

幺妹：

你好！

想给你写信已很长时间了，准备和你交流一下对一些事的看法，但一直太忙，连你 20 岁生日都只给你写了首歪诗，对不起，老爸失职了。这久除了讲课外，主要是做了两次大的培训，一是“校园心理危机干预”，专业性强一些，算是“昆明 3·01 惨案”后爸爸作为一个心理工作者对学校安全、学生心理素质提升尽的一点义务吧。二是“教师自我魅力提升训练营”，主要是针对教师怎样通过演练和演示来展示个性魅力，重在语言表达和台风的强化训练，效果很好。你既然喜欢表演、主持，对你会有很大的帮助，回来后我们也可以探讨一下。两次活动虽然很苦，也没有任何的报酬，但觉得有意思，“痛并快乐着”，说明老爸还在做事、还能做事，还不算老，还能“聊发少年狂”是吧！哈哈，被人需要是一种幸福，做人总要有点追求，总要有点社会责任感，能不断地超越自己，看到自己一直在进步，其实也是件幸福的事。怎样？老爸没让你失望吧！

今晚和你妈在看《全国大学生五四专题晚会》，感受到了洋溢着青春的气息，让老爸心潮起伏，便拿起手机即兴给你写下了几句话：“五四，飞扬的青春不寂寞，不荒废，它属于年轻的你们，为着理想去憧憬、去创造，你将拥有青春的未来……”算是对我们逝去的青春的追忆与铭记吧！你今已年满 20 岁，青春成了这个年龄的专利，多美好呀！吃甘蔗时最甜的一节，如桃花般迷人，似花季般灿烂，人生时间仅只上午六点，仿佛刚从睡梦中醒来准备梳洗，去迎接拥抱朝阳，老爸为你高兴，为你祝福！记住，青春无悔！你现在所拥有的一切都会成为你未来青春的证明！所以，大胆地做自己青春的主人，勇敢地闯，朝前走，别回头，不要怕，不后悔，朝着理想，始终不渝，永不言败，为了未来，秣马厉兵，甘之如饴，为自己将来想过的日子付出代价永远都值！不要太在意别人的不理解，不要老活在别人的眼光当中，你就是你，独一无二的你，只要你不有意去伤害别人，不损人利己，看准了的事，就不要犹豫、迟疑，来过、感受过、征服过，你才能体会成长的快乐。还是那句话：成功就是简单的事反复做，就是爬起来比跌倒多那么一次。因为年轻，一切都来得及，一切都可能发生，即使有痛、有失误，甚至失败那也无妨，风雨彩虹，铿锵玫瑰，这才叫青春，才不枉年轻过，孩子你说是吗？

听你说这久很忙，也很充实，我很高兴，尤其是声乐专业上进展神速，被选中参与师范生比赛、表演，我更兴奋。古人云：“人有一技之长，胜过良田万顷。”人生在世不可能样样出色，但发现并专注于其中某一项技艺，把它做强做大，发扬光大，做到登堂入室、超凡脱俗，做到极致就是绝招，就是行家、专家、赢家，就可以一招鲜吃遍天下，把技术变成艺术。所以我希望你加把劲，争取利用学校有这样好的舞台、人脉和展示机会，吃点苦，受点累，让自己强大起来，用实力赢得信心、尊重和认可，也为自己的未来打下坚实的基础，春华秋实，春种秋收，一分耕耘，一分收获，伤痕累累的背后必将会是硕果累累。

在此我想和你说的是关于赚钱。前不久看你在网上卖化妆品赚了些小钱，奶奶、大爹他们很是担心，怕你玩物丧志影响学业，我呢则持保守意见，现在是信息网络时代，各种新鲜事物应运而生，尝试一下亦无不可，但切不可深陷其中，乐不思蜀。钱是好东西，是人最好的奴仆，能给人带来很多幸福和快乐，“君子爱财，取之有道”，只要是通过正常途径赚来的都值得尊重，也是一种能力的体现。但切不可让它成为你的主人，否则你一旦做了金钱的奴仆后，会变得世俗、庸俗，变得锱铢必较、斤斤计较、贪财吝啬，失去很多乐趣和朋友，人在钱面前是最能看出气度和涵养的，

“大气才能大器”，这一点对你们学艺术的人尤其重要，艺术如果沾染了太多的铜臭味，会变得匪夷所思，面目可憎，记住君子应“有所为有所不为”，我希望你多一些艺术气质和品位，至少目前应该这样，你才会走得更远，飞得更高。记得假期你和我说30岁以前不要想着赚钱，我深以为然，这个阶段都是在打基础、培根本、长树根、调结构、找方向，正是学习、思考、锻炼、成长的机会，鱼和熊掌不可兼得，舍得舍得，有舍才能有得，所以一定要懂得和学会选择，要知道每一次的选择都将促进你的成长，都将为你的未来埋下伏笔。30岁以后要怎样赚都可以，都来得及。而现在则以学业为重，即使有钱也应用在提高自己身上，如练琴、上声乐小课等，这方面我们完全支持，虽然我们家不算富裕，但该用的我们丝毫不会吝啬，我们生养你不是为了让你报恩、为我们养老，而是为了你将来的幸福。记住：你幸福快乐就是对我们最大的报答！所以不要也不准财迷，下个月到美国也只能打一份工，剩下时间好好学习、体会、感受、提升即可，切记切记！

今天是五四，本来应该简洁明了，但却啰唆了很多、很久，说明我们真的已经老了，但正因为如此，才很希望你们不要虚度光阴，莫让年华付水流，想必女儿能见谅。

夜已深了，浓情未了，多珍重。再见！

2014年5月4日深夜12点

临走时，记得把爱带上

幺妹，这些天你忙于考试，每次电话也总是匆匆而来，寥寥数语，草草收场，尽管有些失望、失落，但我们能够理解，也不想打扰你的忙碌或者幸福，或许今后更要努力适应这种分离后显得孤单寂寥的日子，好好地感受属于我们自己的夕阳红。

亦佳，明天是一个崭新的日子，你就要远出国门，飞到大洋彼岸去开始一种新奇的生活。3 个月，90 来天，不长不短，可以尽情地感受、体会异国风情，正如你说的心里充满了“期待、兴奋、紧张”。这很正常，这 20 年来有爸妈替你遮风挡雨，养尊处优，衣食无虑，在校到处莺歌燕舞，左右逢源，爱情甜蜜，当然乐此不疲，心花怒放。可此去一切都要自己面对，环境、语言、工作都是陌生而不可预知，在家千日好，出门时时难，有点紧张、焦虑那是在所难免的，相信你很快就能适应。

记得我和你说过，人的知识获取不外乎两大途径：读万卷书，行万里路。读书是间接吸收，它山之石可以攻玉，今天读书的广度、深度决定你将来的高度、厚度，所以才有“秀才不出门，能知天下事”“运筹帷幄之中，决胜千里之外”之说。总之，养成博览群书的好习惯会对你一生成长都有价值和意义。行路是直接感受、亲身体验，对人的帮助会更大。尽管不舍，但当你说要出去走走看看，我们没有半点的犹豫，坚决支持，全力以赴，不走出去不知天之高远，海之壮阔，不去试试、闯闯，哪能知道自己有几斤几两，所以我们相信并支持你的选择，说不定这将是你成长路上一次质的飞跃，希望妹妹你大胆往前走，莫回头，只要是自己选择的，就不要后悔，就去体会成长，尽情怒放，为自己的青春岁月留下闪光的一页。

但我要提醒姑娘的是，第一次出远门打工总会有这样那样的不适、不快，说不定会遇到很多困难、挫折需要你面对，对此，你要有吃苦耐劳、忍气吞声的心理准备。古语说：吃得苦中苦，方为人上人；忍得一时之气，免得百日之忧；忍一时风平浪静，退一步海阔天空。都是告诫我们要学会弯腰、低头，学会息事宁人，不必要争个输赢，不要针尖对麦芒，两败俱伤，不惹事，但也不怕事。凡事不要冲动，要三思而行，人在失去理智的时候智商降为零，待一分钟以后恢复智商，说不定灾难已经降临，所以记住：冲动是魔鬼，脾气来了，福气也就没啦！对别人如此，对身边亲近的人更是这样，要知道覆水难收，破镜难圆，语言的伤口会经常流血的。

幺妹，平时你有些随便，懒散而又拖拉，这些都不是好习惯，希望这次在外国老板的帮助下改正这些缺点，变得勤快、守时、有计划。另外你这次去你会有很多的闲暇时间，那就不要荒废，好好地利用这机会做深度游历，把挣到的钱花光，不准带回来，这是要求，也是命令，好好去体会挣钱的艰辛，花钱的惬意及理财的重要性。多读书看报看电视交朋友，一来锻炼英语水平，二来长长见识，了解风土人情、历史掌故、人物荟萃等，大到国家政治经济、军事时事，小到衣食住行、文化艺术等。尤其是好好感受一下美国的音乐，和自己的所学结合起来，不要只是学会打工端盘子、做西餐、品美食、逛风景，还是要学点技术含量高的东西，学有所获，学以致用。谨记勤于动笔，好记性不如烂笔头，有什么感触随手记下，千万不要懒，风景可以一样，但每一次陪你看风景的人不一样，心情也不一样，就会有不同的心境。徐霞客之所以伟大不在于走得多、走得远，而在于每到一处都留下了宝贵的记录。我从高中就开始写日记，到现在也还在写，正因为如此才让我现在下笔不那么吃力，能够用笔书写心情，感悟人生，自娱娱人，的确大有裨益，多读心中有本，多写笔下生花嘛。只是要注意顺其自然，随心所欲，有感而发，我手写我口、写我心，不要无病呻吟，为赋新词强说愁，变成了负担。

年纪大了就喜欢多话，生怕你不知道，其实我知道“不说白不说，说了也白说”，这些话对你而言都已是陈年流水簿子，做不得数的。但听不听在你，说不说在我，有效无效，责任尽到，说一次少一次，问心无愧即可，将来应该是你来说给我听了，到那时我一定满含笑意洗耳恭听。夜深了，若晔要陪我看世界杯，很感动，就不唠叨了。

最后想说的一句是：好好照顾自己，你的平安、健康、快乐就是我们最大的满足，这在心理学上叫“替代性满足”，换言之，爸妈替你安稳守家，你替我们周游天下！

2014年6月24日11：50

时间哪里去了？

幺妹：

从6月份出国到现在4个多月了，想必应该有很多感悟吧？只可惜国庆节重庆见面时间太短，来不及详谈，离别后每次电话也总是匆匆忙忙，不能了解彼此心意。今天有点时间，还是想和你利用书信沟通交流一下，爱女心切，还望谅解。

3个月的国外生活对你来说可谓昙花一现，但就这短短的惊鸿一瞥应该成为你生活中一段抹不去的回忆，永值得珍藏、珍惜。所以我们祝福你在大学之初，在大家都还懵懂无知、游戏人生之际就能漂洋过海，感悟涉世创业的艰难，体会背井离乡的孤寂，应该是“别有一番滋味在心头”吧！

今天看到李开复写给女儿的信，很是感动。尽管我永不可能像他那样成功，或者说写出那么多饱含深刻哲理的话，但爱女儿的心是一样的。一转眼你大三了，走过青涩的两年，留给你的除了紧张、忙碌外，还应该有充实和欣慰。是呀，无论是参加导游大赛、西大“好舌头比赛”，还是当艺术团副团长、做节目主持、参加演员选拔……尽管行色匆匆、食不甘味、朝思暮想、夜不能寐，但细想起来还是很锻炼人的，你会发现你比同龄人多了很多值得回味的东西，你老爸当年从没这样荣耀过，后女可畏呀，虎父无犬女！

旧的一页终将翻过，新的生活又将来临，姑娘，你准备好了吗？要知道时光飞逝，日月如梭，绝不是空穴来风，而是实实在在，从现在到放假只不过3个月的时间，下学期你们将面临一整个学期的教育实习，大三就这样倏然而逝。大四呢？写论文、找工作、伤离别会让你们焦头烂额、无心向学，最终大学就这样在迷茫、怅惘、懊

悔、无奈中结束它的历史使命，成为不可挽回的记忆。正如同朱自清的《匆匆》里所说的："去的尽管去了，来的尽管来着；去来的中间，又怎样地匆匆呢？"是呀，孩子，两年过去，你留下了什么？入学时的理想实现了吗？读了几本书？写了多少感受体会？专业有多少提升？唱歌、钢琴、古琴……有多少是值得你骄傲、自豪的？你觉得无愧青春的嘱托吗？从美国回来你说起没有真才实学就只能当廉价的打工仔，永不可能过上自己想要的日子。那么你又为自己想过的日子付出了多少的努力和辛劳？两年后的你又将以怎样的姿态来面对生活的选择和挑战呢？我们知道你很有孝心，希望带我们周游世界，颐养天年，但以你目前的状态和学识，有那样的可能吗？我们多希望你是用自己勤劳的双手去创造美好的世界，赢得社会的尊重，获得理想的报酬，而不是希望走捷径、靠他人，所以我们才会有一丝的担忧和顾虑。

孩子，思考这些是痛苦的，也许你会觉得老爸在杞人忧天，甚至是无中生有，但我怕的是你停滞不前，闯劲消退，优哉游哉，玩物丧志，过早沉湎在小感情的漩涡里迷失自我和方向。学业自古就如逆水行舟，不进则退，人的本性都是偷懒怕事，趋利避害，不想去吃苦受累。是的，我承认现在其他很多人都很颓废，无所事事，混日子，赌青春，但他们是他们，你是你，人各有志，不可同日而语。要知道我们出身贫寒，没有显赫的家世，没有耀眼的财富，有的只是自己的辛勤和努力，只有孜孜不倦、含辛茹苦才会有好的收效。老爸这一路走来满含艰辛，幸得贵人相助才能走到现在，所以一直都不敢自满松懈，反而精益求精、上下求索，就是希望能勤勉发奋、自强不息，为家族增光，为理想拼搏，希望你也能好好体会我们的一片苦心。

姑娘，去年的这几天，我来到你们西南大学学习，你陪我过了挺有意义的"光棍节"，看到了你在台上主持节目的风采，让我身心舒坦，感慨万千。明天我要到扬州学习五天，回来后还有很多事要做，但却又始终牵挂着你，殷殷情意，天日可鉴。对了，你老妈最近睡眠不好，老担心爷爷的病，起早贪黑地伺候老人，看起来很憔悴，有机会多宽慰一下她。

爱你的老爸

2014 年 11 月 7 日

别在吃苦的年龄选择了安逸

幺妹，我亲爱的女儿：

你好！

我又在给你写信，又要开始唠叨，俗话说：“家中有个蝈蝈虫，一生一世不受穷。”希望你耐着性子静静地去感受来自父母亲的这份叮咛与嘱托，说不定今后这样的机会会越来越少啦。

现在是新学期的第一周。转眼间，你已经大四了，真快呀！时光飞逝，日月如梭，白驹过隙，稍纵即逝。恍惚中，我好像还和你辗转奔走在烟雨蒙蒙的求艺路上，又似乎陪着你在贵阳阴冷的车库里飘忽的舞蹈，或是西南大学门口留下你孤独的背影转身孑孓而去……逝去的是时光，逝不去的是留存心间那一幕幕温馨的记忆。

感谢上苍，把你妈妈送到我的身边，然后又有了可爱的你，日子虽然平淡，生活亦还精彩，我们一路走来，风雨兼程，甘苦与共，尽享家的甜蜜。尤其是你回来实习的这半年，是你妈妈和我最高兴的时光，看着小朱老师洒脱地上课，用心地排练，唱歌、跳舞、伴奏、指挥、主持……多才多艺，无所不能，老爸看在眼里，喜在心上，比自己成功还要高兴。孩子，你慢慢长大了，我们也开始渐渐地老了。

尽管认识你的很多人都在我面前夸你优秀，我也始终坚信不疑。但在此我还是要提醒你：收假收心，站好最后一班岗，认真完成学业，别在吃苦的年龄选择了安逸。大学生活只剩最后一年，毕业论文、找工作、考驾照、谈情说爱、离愁别恨……太多太多的人和事会让你分心，无暇顾及学业，早早游离校园、社会。我有一种担心，你似乎淡忘了学生的身份，过早地投入到狭小的个人生活中，尽管这也是一种历练，但一定要注意成熟是一个逐步的过程，不要操之过急，免得欲速则不达。大学生活绚丽多姿，精彩纷呈，增长才艺，广结人脉，一旦匆忙倏忽而过，今后再也不会有了，拥有时不知珍惜，失去了方知后悔，很多人就是在失望、失落、失志中疲态、老态，最终被淘汰的，所以别管别人怎样，你应该始终如一，倍加珍惜，走好自己的象牙塔之路，活得精彩，活得有价值，像老爸一样“找点事情做做，留点回忆想想”。你会发现你现在所做的一切都是在为未来奠基，都是在长树根、长树干，为将来的枝繁叶茂、花团锦簇、硕果累累做准备。你若盛开，蝶蜂自来；你若无意，天自安排！孩子，你才 21 岁，今后的日子还很长，赚钱对你来说不是难事，走出校门后，恋爱、工作、生存、生活会让你疲于应对，柴米油盐酱醋茶样样要操心，哪有时间静心学习？又到哪里去寻找学习的目标和榜样？又能有多少志同道合的人一同前行？过了此山无鸟叫，再回头已是百年身，所以我希望你既来之，则安之，静下心来，全力以赴，专心致志，心无旁骛地做自己喜欢做的事、能做好的事，激发潜能，做强做大，做成精品、极品。春华秋实，春种秋收，一分耕耘，一分收获，伤痕累累的背后必将会是硕果累累，相信自己会比你想象的更强大。

孩子，爱之深，思之切。看着若晔每天辛苦异常地恶补英语，费钱费力，既心疼又无奈，看到她每天和爸妈视频聊天，嬉笑怒骂，娇嗔调笑，既欣慰又嫉妒。将心比心，情难自禁，虽诸事繁多，但心中牵挂如鲠在喉，不吐不快，乘兴而为，言语过激之处，你当知晓。

痴情不改，我心依旧！

2015 年 9 月 7 日

风景这边独好　未来如此多娇

姑娘，我又在给你写信。也许你又要笑话，都什么年月了，电脑、电话、微博、微信、视频早已满天飞，还写，太“奥特”了！是的，那些东西是很先进，我也能用，但总感觉阴冷僵硬，虚无缥缈，少了点温情脉脉，情词恳切，如空中阁楼，似隔靴搔痒，意犹未尽。还是书信最实在，可以自由地放飞自己的思想，仿佛对着初长成的你款款道来，你听不听倒是其次，更主要的也许是释放我自己的焦虑和担心，缓解老年人的孤独和寂寞罢了。

姑娘，很高兴那天你和爸爸交流了很多，尤其是谈到了目前、现在和将来，让我对你说的问题有些新的思考。说实在话，我是真希望你大学毕业以后再考虑入职、赚钱，不要太早、太多地分心影响学业，但你既然做了选择，我们也就尊重你，相反还有点羡慕你。老爸像你这样年纪的时候，年少轻狂，懵懂无知，信马由缰，任人宰割，根本没有自己的思想，打道回府之后，上山打鸟，下河捞鱼，小酒一盅，一天威风，以至于在大姚虚度了11年光阴，最大的收获是找了个媳妇，长了个油肚。到楚雄6年，也只是哪里有酒哪里醉，哪里有铺那里睡，闲时打点小麻将，吃点麻辣烫，看点崴录像而已，没有太大的起色。幸好老天有眼，得贵人相助来到昆明，真正把自己的潜能挖掘出来。做自己喜欢的事，能做好的事，对社会有益的事是最近这10年。但掐指一算，人近半百，岁月蹉跎，身体羸弱，老之将至，“凭谁问，廉颇老矣，尚能饭否？”如果短命点活100岁，老爸现已是人生抛物线的顶点，再也不能往上蹿了，慢慢的要走下坡路，长江后浪推前浪，前浪坐在评委席上，“喜欢也这样，不喜欢也这样，管你喜欢不喜欢也这样”，逝者如斯，如是而已。所以你二十出头就能有机会自己做出选择，努力去做自己喜欢做、愿意做的事，真是人生中的一大幸事！实在是可喜可贺！

至于你说到工作琐碎、工资偏低、待遇不高，那都是小事，不值一提。要知道你现在还是学生，还没毕业就找到工作，每月实习工资3500元已经很不错了，比很多在职的教师还要高。再说了，你现在不是来赚钱的，你的任务是学习、历练、积累，打基础、培根本、树人脉，是长树根、树干的时候，待到根深干粗，枝繁叶茂、花团锦簇、硕果累累那自然是瓜熟蒂落，水到渠成。还是那句话：30岁以前所有的努力都是为30岁以后做准备的，你若盛开，蝶蜂自来；你若精彩，天自安排。到那时家有梧桐树，何愁招不来金凤凰？马云当年拉小板车，俞敏洪贴小广告，赵本山唱二人转，李玉刚睡医院走廊，谁都不容易。“自古雄才多磨难，从来纨绔少伟男”，任何人的成功都不可能一蹴而就，都要经历艰难险阻，“宝剑锋自磨砺出，梅花香自苦寒来”。越努力，越幸运；越抱怨，越倒霉，舒服是留给死去的人的，所以要感谢折磨你的人和事，那是来成就你的，拥有非凡的经历和智慧的人生才是幸福的人生，人过留名，雁过留声，活得精彩，获得有价值，才值得咀嚼、回味。

当然初入职场，你也要有足够的准备。比如说你谈到信心不足，不够优秀，不能吃苦耐劳，缺少性格，特别在意别人的眼光，畏畏缩缩……这些都是极为正常的。你急什么？你还是学生娃娃，才21岁，还没出道，典型的菜鸟，仰人鼻息、谨小慎微是最自然的，你想想同学中能像你这样还没毕业就工作领工资的有多少？还做的是你喜欢的影视传媒？说不定哪一天你们影片中的女一号会是你呢！所以别老拿优秀的成功人士和自己比，那会伤自己的自尊心、自信心。我们刚踏入社会时什么都不懂，更是单纯得可怜，横着身子走路，斜着眼睛看人，自以为是，目中无人，你比我当年不知好到多少倍了。因此不要着急，更不能抱怨，认识到自己的短板那就目标专一地去弥补，慢慢地迎头赶上。只要想进步，到处都有机会，到处都可以学习，“世事洞明皆学问，人情练达即文章”，积小流成江海，只有先把小事做好做成才能做大事。多看、多想、多思考，肯定会有效果，人最怕的是不总结、不提升，自我贻误，自作聪明，那才可怕。你现在需要的是多读书、多历练，不断充实完善自己，让自己更优秀，当你的内心足够强大，有经验、有能力、能驾驭，“腹有诗书气自华”，那就是别人在你面前畏畏缩缩了。记住爸爸的话：只要开始，永远不晚；只要努力，总有空间。坚持不一定成功，放弃一定会失败！相信老爸，你已经很优秀了，只是火候还没到，一分耕耘，一分收获，伤痕累累的背后一定会是硕果累累。

孩子，生在这样的时代，何其幸也！政通人和，百业兴旺，风调雨顺，国泰民安。生在我们这样的人家，何其幸也！老爸开朗，老妈贤惠，家庭和睦，衣食无忧。这么多年，我们始终尊重你的选择，给你信心和勇气，让你没有后顾之忧，义无反顾地往前走，别担心，不要怕，甭后悔，即使跌倒了爬起来，拍拍灰尘擦干眼泪又可大步向前，我们永远是你最坚实的后盾，家里的门始终向你敞开，可口的饭菜始终等你回来品尝。现在又有那么好的外围条件，有那样好的学习借鉴机会，你完全可以熟能生巧，驾轻就熟，游刃有余，知识是学来的，能力是练出来的，如果再注意一下胸怀、气度、格局、气质的修炼，你一定也会像你所认可、欣赏、崇拜的人那样出色。你看，爸爸没有学过什么心理学，还不是瞎捉摸，善思考，肯上进，胆大皮厚，然后充分利用、发挥我自己的优势，把别人的东西嫁接到我的身上，慢慢就熟练了，讲过上百场即可烂熟于心，信手拈来，随心所欲。将来如果你们用好现有的技术、能力，再加上合理有效的运作，充分发挥你们的聪明才智和潜能，注重良好人际关系的建构，谦虚谨慎，戒骄戒躁，就一定能打造好你们自己的天地。记住：宁做鸡头，不为凤尾，为别人打工永远只是权宜之计，为自己打工才是正理，让别人为自己赚钱那才是真正的本事。

孩子，别被他人所谓的成功吓倒，他们已经运作了很多年，有了很厚实的底子，根深叶茂，经验丰富，关系良好，这是他们的优势，你们暂时不能比拟。但你们年轻，有活力，有干劲，有技术，如果再加上肯吃苦，不偷懒，会经营，不急躁，假以时日，他们会很紧张，老担心你们呢。年轻就是资本，年轻而又有闯劲，再加上矢志不渝那就更了不起。天道酬勤，天道酬情，只要你们选定目标，专心致志，相信时光不会辜负每一个辛勤努力的人，日久天长就会有效果。

走了，你哥哥第一天发工资，请我们吃饭，我得去好好鼓励他！你们小一辈也要相互关心、支持和鼓励，手心手背，血浓于水，血脉相连，“打虎亲兄弟，上阵父子兵”，亲戚也要越走才越亲。大家都很关心你，我希望你们都能继承良好的家风，相亲相爱，共同进步，殊途同归，为家庭增光添彩。

爱你的老爸

2016 年 1 月 12 日 5：00

不要让生命成为遛达

姑娘，又是人间四月天，微风拂柳醉春烟，你好吗？心绪咋样？爸妈希望你每天都能面朝大海，心怀春花，心情大好，百事可乐！

前几天和你交流时你兴奋地说起有条件自己也要做点事，你妈妈当即表示了反对，其实她主要是担心你太累，太苦，不忍心你早早的去承受过多过大的压力，用心良苦，护犊情深呀。相反我是非常支持你自己去做事的。有人曾说过：人生最大的痛苦不是失败，而是从来没有敢于采取行动。晚上想了千条路，早上起来走原路或是没有路，那是很悲哀的。经风雨才能见世面，要知道梨子的滋味，一定要亲口尝一尝。所以看准的事就大胆去闯、去试，别犹豫不决、瞻前顾后，免得贻误战机，待老了追悔莫及，却悔之晚矣。

前段时间网络上说有的人 25 岁就死了，但要等到 75 岁才抬去埋。很值得深思啊！的确，现在很多年轻人，在最需要去吃苦、去拼搏的时候，却徜徉在花前月下，沉醉于虚拟游戏中，更有甚者年纪轻轻的就偃旗息鼓，患得患失，纸醉金迷般躺在爹妈的功劳簿上啃老，坐享其成，混吃等死，这不是一件好事。马云也说过：如果年纪轻轻的就想像老年人一样喝喝茶，看看报，聊聊天，打打太极拳，游山玩水，遛鸟喝茶，你要青春做什么？

姑娘，知道这几天你操心劳碌，心情不爽，工作压力大，有些泄气，这很正常。每个人都要长大，在成长的过程当中，其实都或多或少会遇到一些挫折、烦恼和困难，就看你能不能有信心勇气和毅力，始终坚持不懈，很多人之所以不成功，往往是不敢尝试或轻言放弃。就你们这么大的年龄而言，是最值得去尝试的，20 多岁，风华正茂，干劲十足，有勇气，有信心，有闯劲，即使跌倒了、摔跤了，爬起来拍拍灰尘还可以继续前行。要知道每一次的选择、跌倒，其实都是一种成长。所以我希望你不要气馁，能够多方面的尝试一下，不要早早地把自己局限在一个狭小的空间，你有这份实力和潜力，也相信你能最大限度地发挥自己。记住老爸的忠告：只要开始，永远不晚，只要努力，总有空间。老爸永远支持你！

当然，我也理解你的困惑与担心。你现在才刚刚加入这个工作团队，人家就对你信任有加，委以重任，你担心力不从心，怕有负重托，这是好事，说明你在乎，有担当意识，但也不要过分谨小慎微，担惊受怕，那会变成小媳妇一样看人眼色行事，缺乏主见和创造性。待遇上也不要太在乎，学到了东西，增长了才干，锻炼了能力这才是最最重要的，所以一时半会儿没有达到自己的期望值不要着急，慢慢来，你才 22 岁，事业才刚刚起步，重要的是打基础、培根本、练技能、结人脉，要知道任何成功绝对不可能一蹴而就，总要经历很多的艰难坎坷，所以姑娘，有时候一个人成不成功，不看你是谁而看你能不能坚持到底，能不能挺住、熬过，最终战胜自己的惰性。

姑娘，最近我在看你寄给我的那本书，其中有一句话让我很受启发：“人生如果迷失了目标和方向，就只能是遛达。”我倒觉得目标缺失、方向不明其实不仅仅是溜达，更是可怕的是漂泊、流浪，所以老爸又开始“找点事情做做，留点回忆想想”。你知道，老爸一直擅长语言艺术和舞台表演，有了些积累，尤其是这些年学习朗诵、演讲、快板、金钱板很有些心得，但遗憾的是一直没有学以致用，把它发扬光大。前些年我也办了一些小主持人培训班、语言艺术培训班，应该说有很广泛的基础，也得到了很多家长和孩子们的喜欢，很多人愿意跟我学。但总是顾虑、担心太多，所以一直没有做，可时光荏苒，岁月不再，一转眼老爸今年已经 49 岁了，如果再不做明年就 50 了，就是知天命的时候了，那么多年的苦学和积淀都将悄无声息，付之东流，岂不可惜？常言道：“被人需要是一种幸福。”如果能够把我多年所学，教给有兴趣、有爱好、有实力、有潜能的孩子们，让他们拥有一技之长，增强自信心，养成乐观豁达、开朗向上的良好性格那该多好啊！说不定能够让一些懵懂无知、泯然如睡的孩子们一下子如梦初醒、豁然开朗，岂不美哉？

姑娘，青春的脚步如此匆忙，大学四年转瞬即逝，记忆中仿佛我们还辗转于西南大学凄迷雨雾的培训、考试中，还泪眼婆娑地目送你在校园门口父女挥手告别，在灯光昏暗的小别重逢中你陪我过“光棍节”的喜悦里……转眼却马上要离开大学校园，走上新的人生旅程，你长大了，也该学着自己去面对，我们也该放手了，好让你轻快飞舞，振翅翱翔。爸爸今后也很难得再给你写点什么，心里还是有些伤感和不舍，便趁着教师们改卷的间隙给你写下了以上这些话，聊以自慰。

罢，罢，罢！逝者如斯，徒伤无益，来日方长，念你如初，相信你能很好地体会老爸此时的心情。

2016年4月19日

成长比成功更重要

幺妹，原来我想在你毕业之前不会给你写信了，想让你轻轻松松地完成学业，为自己的大学生活画上一个圆满的句号。但是，昨天的交流让我感觉最近你情绪不太稳定，患得患失，忽喜忽悲的。尽管这是你们这个年龄，尤其是大学毕业前面临人生选择特有的心理状态，但总的来说还是不好。如果老沉湎在这种矛盾、纠结当中，左右摇摆，懊恼焦虑，会影响到下一步的生活和工作状态，所以，爸爸还是想和你谈一谈。

说实在话，你从去年 11 月份起参加工作，我当时并不赞同，在我看来，工作那必须是完成学业后再去体会、尝试的。但你当时好像很急切，其他同学纷纷出去找工作，宿舍里只剩下空荡荡的你，的确会有些焦虑，我也能理解你的慌乱与迫切。再说似乎我也无法掌控你，所以也支持你自己去尝试、闯荡。幸好，你参加的这个公司老板对你很不错，工资待遇及工作还算有挑战性，虽然做行政并不是你的所长，有点学非所用，但是我觉得，你的待人接物，你的善解人意，你的热情肯干还是赢得了老板和同事的尊重、信赖，年少轻狂的你尝到了甜头，还是颇有点春风得意的劲头。但从最近的表现来看，似乎你又有了一些纠结，尤其是这几天，你的一些想法、矛盾、冲突等让我还是或多或少有些担心，但是我觉得，这是极为正常的，我也试着帮你分析一下看看，希望能缓解一下你心中的忧虑和愤懑。

首先，这段时间你太忙了，多头并进，以致弄得焦头烂额。上学期倒也罢了，大家都忙于找工作，相对平稳，可是这学期以来，学校的事越来越多，尤其是你的毕业论文像一口大锅压得你喘不过气来，短短的两个星期就要交，对你来说，本就缺少积累，缺少思考，胸中无物会导致你忧心如焚；另外最近毕业演出也迫在眉睫，大学 4 年到底学了些什么？是骡子是马最终到了要拉出来遛遛的时候，所以你很希望把自己所学到的东西展示在学校领导和同学面前，因此你绞尽脑汁想根据你的所长去编排、写朗诵词，去展示自己的才华，因此学业的压力剧增，让你倍感煎熬。另外，你所任职的公司现在慢慢步入正轨，公司的业务量也逐渐加大，短短的几个月就有两个片子上线，的确不容易，事务多起来了，而身兼办公室和人力资源主管的你，一下子难以适应多头繁杂的场面，觉得穷于应付、难以应对。校内校外，内交外困等让你有了疲惫感和懈怠感。

其次，姑娘，我觉得你很可能内心潜在的欲望没有得到满足，或多或少的有一些失落感。知女莫如父，我知道姑娘你还是有些心高气傲的，干了一段时间的人力资源和办公室工作，有些无聊、无趣，认为没有体现自己的水平和才华，觉得做那些琐碎的事有些浪费自己的青春和精力，难免会有“这山看着那山高”的感受。再加上老板、同事对你的夸奖和信任，有时难免会有一些漂浮，觉得应该去做更具有挑战性、开拓性的工作。所以，你几次提出希望去做发行或者其他更能展示你才华的事，却一直没有得到满足，便有些情绪低落。

再有呢，这段时间我不知道你遇到了些什么难题？是工作上的不如意，还是学业上有些困难，我总感觉你有了一些挫败感，好像开始否定自己，变得有些消极悲观，变得有些不自信，开始怀疑自己的能力，甚至于怀疑先前的选择是否正确？我想，这才是目前最需要解决的。客观来说，姑娘，还是学生身份的你的确缺乏必要的人生经验，从而导致了你能力和实力的不足，加之过高的期望值和不合理的自我评价，导致了目前这种忧心忡忡、闷闷不乐的状态。另外还有一点需要说的是，我的女儿，你还是缺乏吃苦耐劳的踏实精神，想得太多，做得太少，或者一做就希望马上就有效果，一做就有成绩，就能成功，有时难免会好高骛远，难免会缺乏应有的实干精神，爸爸年轻时候也会，甚至比这还糟糕，只是随着岁月的流逝，心智的成熟，慢慢地，这一切都会变得理智，变得清晰。

针对你目前的状况爸爸觉得，有几方面要注意改进和加强。首先要坚定信心，增强毅力，毫不气馁。既然选择了就要义无反顾的坚持，专心致志，始终如一，不要轻言放弃，勇敢地去接受挑战。姑娘，“人都是逼出来的”，人无压力轻飘飘，水无压力不流动，如果稍微遇到一点挫折，就退步，就怀疑，那一辈子都很难成功。相反，越战越勇，越挫越坚，有屡败屡战的精神才好。你要知道，你是在做正事，是在为自己将来想过的日子付出代价，永远都值得，永远都不后悔。

其次要学会摆正心态，准确定位。要学会好好地审视自己，客观而公正地评价自己，好好的衡量一下自己的能力、素质和水平，既不妄自尊大，也不妄自菲薄，把自己看低一点，谦逊一点，平凡一点。尤其是要看到自己还有很多欠缺的地方，实力还远远不够，比尔·盖茨说：“你想要得到别人的尊重吗？拿出你的实力来！”你想想，这方面也许目前是你的短板，因此一定不能膨胀、浮躁，不要自以为是。相反要沉下身子，从简单的、平凡的工作做起，逐步来积累、积淀，切忌操之过急，要知道欲速不达，反而会乱了自己的心性。

最后我还想和你说的是要学会扬长避短，适时调整目标。此路不通的时候一定要学会拐弯儿，有句话说得很好：不是前面没有路了，而是要拐弯儿了。如果前面是陷阱，是泥塘，你还硬要跳下去，那只能说明自己的无知与愚昧。所以，要学会有效调整自己的目标和工作思路。尤其要注意的是：一定要找到自己的长处，努力地做强做大，千万不要人云亦云，别人夸奖你几句，你就深以为然，自以为真的如此，别人数落你几句你就把自己看得一文不值，这都是不成熟的表现。人的一生其实就是扬长避短的过程，看准了目标，做自己喜欢做的事，把它做会、做熟、做好，这才是幸福的。让兴趣、爱好和个人的特长合理地结合，在不断的探索实践中找准自我，为今后做自己想做的事业做准备，这也许是你下一步需要考虑的。就目前的状态来说，你在这里打工，仅只是积累经验，我感觉不是你未来的全部，其实杰夫是一个多好的财富资源呀，他的能力、素质、水平，完全可以做强做大的，你大可不必端着金碗讨饭，把这么好的资源浪费掉。所以适当的时候，你要调整好自己的思路，全力以赴地来帮助他，用你们的头脑和技术一起来做，其他女人能做到的事，你绝对能做到。千万不要有畏难情绪，看到别人比自己优秀就怀疑自己的能力，就感觉自己永远都做不好，一定要学会把杰夫身上所拥有的东西最大限度地挖掘出来，逐渐形成自己的事业，这是你必须要考虑的。是的，人比人，气死人，你和优秀的人在一起，那些优秀的人会让你感到自卑和渺小。但是，如果你能从他们身上多学到点东西，把他们的优点变成自己的特长，把他们的胸怀、气度、格局，精益求精，尽善尽美、认真负责、永不言败等变成自己的财富，你慢慢地也会优秀的。“你跟一流的人相处，慢慢地你会变成一流的人才。”所以不要惧怕和优秀的人在一起，相反，要多从他们身上得到精神的鼓励，激发你成功的欲望，让自己慢慢地也变成一个成功的人。

还有一点，是我最想说到，姑娘，你很聪敏，很能干，做什么事，学得快，做得快，也做得好，但是最致命的一点是你缺乏恒心和毅力，缺乏持之以恒，吃苦耐劳的精神，遇到一小点挫折，你就开始依赖别人，就开始逃避、退让，甚至投降，这会成为你将来成功的绊脚石，会阻碍你的发展。你仔细想想，从你学唱歌，弹琴，学古琴、二胡、快板等都是一学就会，但是你没有钻进去，深入进去，你缺乏刻苦练习的过程，囫囵吞枣，草草了事，所以你很难在一件事情上做精。所以我希望姑娘你先静下心来，不要着急，路要一步一步地走，事也要一件一件地做，给自己一份信心和勇气，争取早日走出矛盾纠结的不良情绪。

由于爸爸中午还要外出讲课，今早只能匆匆用飞信语音写信，来不及仔细思考就脱口而出，有很多不到之处望女儿见谅。但我也佩服自己怎么脱口就能写出这么多来，3000 多字呀，唉，盖因为爱之深，思之切也！ 12：30 的课，我要赶快去了，再见！

2016 年 5 月 24 日上午 11 点

十六岁的花季

——致女儿幺妹的十六岁生日

当四月的暖风吹来满眼的绿意
当干裂的大地迎来春夜的喜雨
当疲惫的心灵努力找寻憩息的驿站
我们迎来了你——我的女儿幺妹
十六岁的生日

十六年前的今天
你睁开迷蒙的双眼
惊悸地看着这陌生的世界
响亮的啼哭预告了你生命的诞生
血浓于水的亲情油然而生
我们知道　从此
肩上多了一份甜蜜的责任
心中多了一份挥之不去的
牵挂与情怀

你慢慢地长大
从牙牙学语
到蹒跚学步
再到健步欢腾
从天真稚气的幼儿

到花枝招展的少女
再到窈窕淑女的今天
我们一路走来 风雨同舟
共同倾听花开的声音
共同品味生活的甘甜
无怨无悔 甘之如饴

而今的你
亭亭玉立 飒爽英姿
笑靥如花 温婉如玉
开朗 大方 活泼 清纯 阳光
像跳动的音符欢快而又热烈
唱歌 跳舞 播音 演戏 斗嘴
丰富 情趣 充实而又率真
这就是你——本真的你　青春的你
这才是你——体贴的你　温情的你

明天还要继续，青春依旧火红
我们给了你生命的喜悦
但不能给你未来的承诺
我们给了你今天的快乐
却不能给你永久的幸福
我的女儿，你准备好了吗？
而渐行渐老的我们——
你辛劳的老妈老爸
会一辈子为你守巢　护门
点亮心中那盏永久不灭的灯
为你祝福 祈祷
等待你的归期……

2010年4月1日上午

愚人节打油诗贺女儿亦佳生日

愚人节是女儿朱亦佳20岁生日，忙于备课，来不及写点什么，午觉之中有所感怀，聊以记之！

吾家有女初长成，年方二十百媚生；
琴棋书画装颜色，诗词歌赋养精神。
歌声袅袅赛云雀，古琴悠悠渔樵音；
等闲若得春风渡，报以亲朋哺育恩。

2014年4月1日

藏头诗贺亦佳生日

今天愚人节，是女儿朱亦佳21岁生日，千辛万苦终于长大成人，无以为贺，信手写一打油藏头诗送给她，也谢谢多年来一直关心她的亲人和朋友。

朱颜玉润玲珑女，
亦歌亦舞鬼精灵；
佳节降临人不信，
生得纤弱苗条身。
日子勿待闲愁过，
快步成长莫迟行；
乐在音苑人称颂，
留得奇香满杏林。

2015年4月1日

后　记

编辑完这本小集子，费了我很长一段时间，尽管有些疲惫，但拿到样书的那一刻，还是多少有点欣喜。人是需要经常回头的，它至少让我回过头来看一看我这么多年来所走过的路，所留下的深浅不一的足迹和曾感动过自己的只言片语。

当然，也产生过疑惑，到底做还是不做？有何意义？尤其是想到把给孩子的信放进去时，总顾忌别人会怎样想，是否有自我炫耀故意卖弄之嫌？辗转反侧，好费思量，但思之再三，便自我释怀，自古文以载道、文以载情，只要是发自真诚、真情、真爱，又何必去顾忌别人怎么想，怎么说呢。再说了，给女儿写的那些信完全是一个父亲真情实感的自然流露，没有半点的虚情假意，孩子能把它保存得那么好，那么看重，说明对她的成长有用。做老师的，如果连自己的孩子都没能教好，又有什么资格、有什么底气去引领别人？教化别人？这么多年，正因为我陪着孩子一路走来，见证她遇见最美好的自己，所以也才能有这么多真实感受，才想把自己教育孩子中的得失成败分享给更多处在迷茫、困惑，甚至痛苦中的父母、老师，让他们也得到一点启发和帮助，所以大可不必为此而烦恼。不做，也许永远都不会做；做了，也就做了，白纸黑字，油墨飘香，也算对自己50年历程有个交代，留下一点闪光的印迹，将来老了，偶尔翻翻，不也多了一些可供回忆的东西吗？

可小地方农村人惯有的自卑让我缺乏自信，原来只想自费印一点出来送给亲朋好友惠存以示纪念，但在领导、同事的鼓动下，鼓足勇气把书稿送给了云南人民出版社的领导和编辑。感谢他们给了我热情的鼓励和支持，认为这么好的东西应该让更多的人分享，毅然决然地决定出版发行，才使这本书得以付梓，让我感到莫大的安慰和欣喜。

我是一个普普通通的小人物，写的是一些平平实实的小文章，过的是一种朴朴素素的小日子。但我始终洋溢着一种爱的情怀，爱孩子、爱家人、爱生活，我始终相信，一个人只要心中有爱，就一定会有一颗温暖的心，会拥有一个温暖的世界。

今后的路还很长，我的人生还要继续，但我相信，只要开始，永远不晚；只要努力，总有空间。那么，就让青春从50岁又一次开始新的旅程吧！

朱景忠

2017年10月于昆明